JEAN ALESSANDRINI
LA MALÉDICTION DE CHÉOPS
LES ENQUÊTES DU CAPITAINE NOX

RAGEOT-ÉDITEUR

Collection dirigée par Caroline Westberg

Couverture: Jean Alessandrini
ISBN 2-7002-2347-0
ISSN 1142-8252

© RAGEOT-ÉDITEUR – PARIS, 1989-1985.
Tous droits de reproduction, de traduction et d'adaptation réservés
pour tous pays. Loi n°49-956 du 16-07-1949 sur les publications destinées
à la jeunesse.

PREMIÈRE PARTIE

LE PARCOURS ÉGYPTIEN

PROLOGUE

Plateau de Gizèh, Basse-Égypte
Le lundi 24 juin 1996
10 h 45, heure locale

Le tout-puissant astre du jour, divinisé jadis en ces contrées sous le nom glorieux d'Amon Râ, approchait de son zénith. Martelant aveuglément l'enclume du désert, il accablait aussi de sa radieuse incandescence la fourmilière humaine attelée à la besogne. En bas, la pause du déjeuner s'annonçait imminente, et la sieste qui s'ensuivrait occuperait une bonne partie de l'après-midi. Plus tard, quand la fournaise agoniserait de son propre acharnement, viendrait la reprise des activités jusqu'au coucher complet du disque. Succédant à la plage de repos nocturne, l'aube du lendemain inaugurerait un nouveau cycle. Chaleur, travail, sueur, immémoriale trilogie de servitude, rétribuée ou non…

Une dizaine de tentes marabout avaient été dressées non loin du sphinx. Petites pyramides de toile courtisant la grande pyramide de pierre, elles auraient pu apparaître à l'œil neuf d'un observateur non dénué d'humour ainsi que des rejetons éphémères, dérisoires. Légèrement en retrait, le pavillon principal arborait à son sommet deux drapeaux poussiéreux qui pendaient de chaque côté du mât, comme pétrifiés par l'absence de vent. On devinait dans le premier les trois couleurs françaises, et, dans l'autre, les parements rouge et noir enserrant sur fond blanc l'aigle emblématique du pays d'accueil. L'intérieur recelait un invraisemblable bric-à-brac technologique à base d'écrans et de claviers, de radars et de sonars. Le tapis de sol, en caoutchouc grossier, disparaissait sous un enchevêtrement de câbles serpentant comme une colonie de reptiles jusqu'à une génératrice extérieure. Il émergeait de cet entrelacs une table et quelques chaises de camping, complétées d'un bureau métallique envahi de notes et de dossiers. Relégué au fond de la tente, un lit de camp défait se couvrait de revues spécialisées dans lesquelles l'initié pouvait reconnaître les unes caractéristiques de *National Geographic* et de *Scientific American*. Ce cadre bousculé composait l'antre personnel du professeur Raphaël Savoyant, directeur des travaux. En dépit de sa réticence notoire envers toute forme de publicité, celui-ci recevait aujourd'hui, sur sa demande, les journalistes. Enfin, il eût été plus juste de dire un journaliste en particulier...

Quoique sa visite ne dût pas excéder la demi-journée, Gil Francis, l'interviewer désigné, portait comme ses collègues l'uniforme obéissant aux conventions de l'élégance tropicale : la traditionnelle saharienne de couleur ocre et les non moins inévitables shorts à l'anglaise. Francis était devenu en quelques années la star incontestée des médias audiovisuels. Son immuable et impeccable brushing encadrant le teint bronzé qu'il affichait sous toutes les latitudes, son regard d'azur blême et son sourire éclatant – que d'aucuns ne se privaient pas de taxer de niais –, sans oublier un indéniable talent de bonimenteur, avaient fait beaucoup pour asseoir cette notoriété.

Présentateur vedette de Canal 15, la chaîne européenne, c'est à lui que revenait le droit, au grand dam de ses confrères, de couvrir les événements les plus importants du globe, que ceux-ci fussent politiques, culturels ou mondains. Le point sur les recherches d'une équipe d'archéologues franco-égyptiens imprimerait-il d'une marque durable un aussi rutilant palmarès ? C'est en tout cas ce qu'avait fait miroiter le professeur en transmettant son invitation. Mais ne s'agissait-il pas en l'occurrence d'un de ces « scoops » éventés n'intéressant que leur promoteur, et dont le gros public, avide de sensations fortes, se souciait comme d'une guigne ? Francis, sans être spécialement esclave des indices d'écoute, le redoutait un peu.

Savoyant, lui, portait une alerte cinquantaine. Cheveux gris fer coupés en brosse, collier de barbe poivre et sel soulignant un visage tanné, lunettes à monture de corne. Le vêtement se caractérisait par un négligé de bon aloi ; pans d'une ample chemisette tombant sur un short kaki, fines chaussettes « montantes » s'écrasant en accordéon sur une paire de pataugas... En somme, la panoplie convenue du savant transplanté en des lieux exotiques, et complètement absorbé par sa mission. Il se tenait assis dans un fauteuil pliant analogue à ceux qu'affectionnaient les réalisateurs de cinéma de la haute époque, mais, à leur différence, n'avait pas jugé utile de faire inscrire son nom sur la bande de toile du dossier. Francis avait pris place à son côté. Les essais ayant été effectués, il donna le signal à treize heures tapantes, heure française, aux cameramen et preneurs de son.

– Professeur, commença-t-il, merci tout d'abord de nous accueillir en direct pour notre édition de la mi-journée dans un des sites les plus réputés du monde : le plateau de Gizèh, au pied des trois grandes pyramides, Chéops, Chéphren et Mychérinos...

– ... Puisque nous en sommes au dépliant touristique, n'oublions pas le sphinx, releva Savoyant, narquois.

– Certes, mais votre intérêt porte plus particulièrement, si j'ai bien compris, sur la pyramide de Chéops...

– C'est exact. Depuis la fin des années 80, nous menons des fouilles extrêmement pointues à l'intérieur du monument. Ces recherches sont le fait de deux équipes solidaires. L'une, française, que je dirige, est l'émanation du département des Antiquités Moyen-Orientales du musée du Louvre, l'autre regroupe des chercheurs de l'Institut du Caire, sous la houlette de mon confrère et ami, le docteur Rachid Charminah.

Le savant crut bon d'ajouter pour motiver l'absence de son homologue :

– Ce dernier a des obligations en ville, ce qui vous explique qu'il n'ait pu se joindre à nous.

Francis se tourna vers la caméra.

– Avant d'aller plus loin, signalons à nos téléspectateurs que les travaux dont nous allons parler trouveront prochainement un écho à Paris avec l'ouverture au Grand Palais de la formidable exposition Egypta Superba.

Savoyant pesta intérieurement. L'ignorance satisfaite, la confusion des valeurs et le mélange des genres étaient décidément les trois mamelles du journalisme ! Il leva un index critique.

– Permettez... Bien qu'ayant trait à l'Égypte ancienne, les deux choses n'ont que peu de rapport entre elles... L'exposition que vous mentionnez embrassera une période de trois mille ans d'Histoire, alors que nous autres, ici, nous cantonnons modestement à la IVe dynastie...

« Un coupeur de cheveux en quatre ! », rumina Francis en augurant fort mal de la suite de l'entretien.

– ... Il n'empêche, continua l'égyptologue, mes collaborateurs et moi-même sommes bien entendu intéressés au premier chef par cette prestigieuse manifestation, et il va de soi que nous serons présents à Paris au jour de l'inauguration.

– Pour en revenir à vos recherches, professeur, en quoi consistent-elles au juste ? On a parlé de tombe royale, de trésors fabuleux...

Savoyant, à ces mots, se modela un sourire de condescendance.

– Soyons clairs, monsieur Francis : notre but est purement scientifique ; nous laissons à d'autres le soin de poursuivre les chimères !

Francis se rembrunit imperceptiblement : l'animal évacuait le trésor. À n'en pas douter, il faisait partie de ces spécialistes pointilleux qui s'ingéniaient à bannir tout ce qui pouvait être porteur de rêve. Un cuistre de la pire espèce ! Et qui continuait à pérorer…

– … Nous nous proposons d'explorer à distance, grâce aux procédés les plus récents, un édifice qui, bien que très connu, est loin d'avoir livré tous ses secrets… et, de fait, n'en a livré aucun ! Voyez-vous, cette pyramide que chacun connaît pour être celle de Chéops est censée abriter le tombeau de ce pharaon, or personne, jamais, n'a découvert à l'intérieur le moindre indice d'une sépulture digne de ce nom !

– On a pourtant parlé souvent de chambre du roi, de chambre de la reine…

– … Et ce depuis longtemps ; mais convenez que ces alvéoles exigus correspondent assez mal à l'idée que l'on peut se faire de la magnificence d'un tel règne. Leur accès est en outre beaucoup trop aisé en regard d'une architecture aussi magistralement complexe.

Hasarder une opinion équivalait à remonter à l'assaut. Francis s'éclaircit la gorge avant de s'y risquer.

– Chéops a quitté ce monde depuis environ cinquante siècles. N'est-il pas concevable que sur un tel laps de temps des pillards de provenances diverses aient pu profaner sa tombe et vider totalement ces fameuses chambres de leur contenu ?

– La chose est possible sinon avérée, mais je persiste à penser qu'elles n'étaient qu'un leurre délibérément offert à leur rapacité ! La communauté scientifique s'accorde d'ailleurs sur ce point avec une touchante unanimité.

Le journaliste reprenait espoir.

– Ce que vous cherchez en ce moment serait donc la *véritable* chambre du roi ?

– Hé ! là ! Pas si vite ! Il est certain que nos relevés gravimétriques dénoncent obstinément la présence de « quelque chose », mais disons qu'en l'état actuel de nos investigations nous sommes encore incapables d'en définir la nature...

– Un savant russe de renom a naguère avancé l'hypothèse que le monument aurait été organisé dès l'origine autour d'un tumulus naturel, une sorte de colline... Je présume que votre déception serait grande si tel devait être le cas !

– Elle serait de taille, en effet, concéda Savoyant avant d'assener à son interlocuteur : Mais, qui, je vous le demande, a jamais entendu parler d'une colline creuse ?

– Puisque vous admettez d'aussi bonne grâce l'existence de « quelque chose », j'estime, professeur, que ce serait trahir l'attente de millions de téléspectateurs que de ne pas vous poser la question : ce quelque chose, comment et surtout à quelle date vous proposez-vous de l'atteindre ?

– C'est là tout le problème, cher ami ! La progression de nos sondes vidéo se voit actuellement stoppée dans la descenderie centrale par un enchâssement de blocs, un peu dans la manière inca. Il y a là une sorte de caveau protégeant ce que nous avons résolu d'appeler jusqu'à plus ample informé « le sanctuaire de Chéops ».

Francis ne put réprimer une grimace de déception.

– Bloqués... Bloqués aux portes du mystère !

Savoyant arbora à ce moment un sourire épanoui que le contexte pessimiste ne laissait en rien présager.

– Plus pour longtemps ! s'exclama-t-il, et il ajouta en détachant ses mots : nous avons décidé l'élimination du bloc obturateur.

— Son élimination ? Qu'entendez-vous par là ?
— J'entends par là sa désintégration totale : nous allons le faire imploser !
— ...
— Oh ! Je vous en conjure, monsieur Francis, ne prenez pas cette mine effarouchée. Il n'y a aucun danger. Les modalités de l'opération ont été pensées et repensées depuis des semaines ; les risques calculés au quart de millimètre par des équipes d'architectes, de physiciens et d'artificiers...
— Cependant, une implosion ! ...
— Oui, je sais, le terme souffre d'une connotation assez lourde de sens, mais il est le seul adapté faute de mieux. Allons, rassurez-vous, tout a été prévu pour que l'intégrité structurelle de l'ensemble supporte l'onde de choc.

Paroles apaisantes, mais le regard interloqué de Francis témoignait encore de son alarme.
— Et... le gouvernement égyptien est d'accord ?
L'apprenti sorcier se rengorgea.
— La proposition a obtenu un vote de confiance à la Shoura pas plus tard qu'avant-hier, et le raïs Boughdali en personne vient tout juste de donner son feu vert pour le premier septembre ! La confiance qu'il a placée en nous ne sera pas trahie, j'en réponds. Quant au public, croyez que je suis désolé d'avoir à le frustrer par anticipation d'un spectacle grandiose et atroce, mais nous n'assisterons pas au jour dit à l'écroulement de la pyramide !

Francis haussa un sourcil dubitatif. La nouvelle se parait certes de couleurs prometteuses, mais elle ne se concrétiserait que dans deux mois. Au surplus, l'énormité de l'événement était telle, que celui-ci pouvait se voir à tout instant différé ou, pourquoi pas, purement et simplement annulé. Rien donc de très substantiel pour le présent, or le public, lui, ne se repaissait que d'actualité tangible. Le public... Il était temps d'y songer à celui-là, et le journaliste, opportunément, pensa avoir trouvé un biais susceptible de raccorder son intérêt.

— Si les risques encourus sont, comme vous l'affirmez, théoriques, voire inexistants, ne craignez-vous pas, cependant, que cet acte que l'on peut tout de même qualifier de brutal, ne soit perçu par certains comme une profanation, surtout si la véritable tombe royale se trouve de l'autre côté de la barrière ?

Par sa dramatisation sous-jacente, l'argument se présentais cousu de fil blanc. Savoyant l'écarta d'un rictus carnassier.

— Je vous vois venir, cher ami. Vous allez bientôt me parler de je ne sais quelle malédiction, comme celle jadis accrochée aux basques de ce pauvre Toutankhamon !

— Moi ? Mais je ne...

— Sur ce point encore, je décevrai votre attente. Aucun homme de science tant soit peu sérieux n'accorderait crédit à ce genre de sornettes !

Le présentateur, tout au long de l'entretien, avait tenu le rôle du mauvais élève constamment rappelé à l'ordre par son professeur.

— Bien, soupira-t-il désappointé. Je crois que nous pouvons conclure...

— Quoi, déjà ? s'étonna l'égyptologue sur un ton de taquinerie inattendu. Quel dommage ! Moi qui gardais en réserve un dernier détail susceptible d'intéresser nos compatriotes...

« ... Coup de théâtre d'amateur », se dit Francis qui connaissait sur le bout des doigts toutes les ficelles du métier. Poussé dans ses derniers retranchements, Savoyant révélait sa face cachée. Dosant ses effets, il avait mitonné ce qu'il pensait être un dessert. En chaque homme, décidément, fût-il le plus sourcilleux, le plus austère, le cabotin ne dormait que d'un œil. Le reporter, qui s'était déjà résigné au plus grand flop de sa carrière, décida néanmoins de boire la coupe jusqu'à la lie en affectant de se raccrocher à cette planche de salut.

– Il y a donc autre chose…

– Plutôt ! Je n'aurais jamais sollicité votre venue de manière aussi pressante uniquement pour ce que, de toute évidence, vous considérez comme un bilan assez maigre…

L'incriminé fit mine de protester.

– … Oh ! Ne vous en défendez pas, s'esclaffa le savant. Votre physionomie est suffisamment éloquente ! Voyez-vous, continua-t-il sur un registre nettement plus grave, ce n'est pas le hasard seul qui a présidé au choix du bloc désigné pour recevoir la charge. Non, nous avons sélectionné celui qui, à n'en pas douter, constitue la porte d'accès au sanctuaire !

– La porte ? Mais comment pouvez-vous en être sûr ?

– Eh bien, figurez-vous qu'en pratiquant l'exploration systématique des alentours du caveau par une série de sondages endoscopiques…

– Pardonnez-moi de vous interrompre, professeur, mais… sondages endoscopiques… Nos téléspectateurs ne sont pas aussi familiarisés que vous avec les termes techniques…

– … Un simple dispositif de micro-caméras enregistreuses semblables à celles que l'on utilise en chirurgie… Ici, elles se sont insinuées entre les interstices des maçonneries successives jusqu'au barrage hermétiquement scellé sur lequel nous butons. Mais je reprends… Grâce à ces sondages, nous avons découvert sur le fronton surplombant le bloc en question un échantillonnage d'inscriptions très anciennes incisées dans la pierre. La distance à la fois proche et infranchissable qui nous en sépare met celui-ci hors de portée d'un traitement au carbone 14, mais tout porte à croire que la gravure remonte à une période fort reculée…

Joignant le geste à la parole, Savoyant se leva et alla connecter un téléviseur reposant sur la table de camping. Caméra sur l'épaule, Bastien Garivel, l'opérateur de Canal 15, éternel associé de Francis dans ses reportages autour du monde, délaissa le couple de protagonistes pour braquer son objectif sur l'écran-vidéo. Il y eut le classique balayage d'interférences, après quoi une image se fixa, révélant avec netteté les inscriptions annoncées.

– La caméra endoscopique s'accompagne d'un rayon laser qui éclaire la zone concernée, expliqua le savant. Elle nous retransmet le spectacle en direct.

Francis se leva à son tour ; il s'avança vers l'écran et constata :

– On dirait un texte hiéroglyphique.

– En quelque sorte, mais certainement pas dans le sens où vous l'entendez...

– Que voulez-vous dire ?

– Simplement ceci : bien que titulaire d'une chaire internationale d'égyptologie, je ne suis pas parvenu à le traduire !

– Je pensais pourtant que depuis Champollion ces écritures n'avaient plus de secret...

– Il resterait à démontrer que ce texte fût égyptien... Une chose est sûre : ces signes, en dépit de leur perfection formelle, sont largement antérieurs aux idéogrammes qui nous sont familiers !

– Une écriture... d'avant les hiéroglyphes ! s'enflamma Francis.

– Je ne suis pas le seul spécialiste à m'être cassé les dents sur ce rébus, reprit Savoyant. Mes amis de l'Institut du Caire, et notamment le professeur Abdul Afif qui lit les hiéroglyphes comme on lit son journal, ont eu beau mettre à contribution les ordinateurs les plus perfectionnés, ils ne sont pas parvenus au moindre résultat. L'ennui, c'est que ce monolithe ne se complète pas d'inscriptions de même sens rédigées dans des langues archaïques qui nous seraient accessibles. Un miracle comme celui de la pierre de Rosette ne se produit pas deux fois !

Le journaliste exhiba à ce moment son célèbre sourire. Le public, tout compte fait, ne serait pas sevré de sa pâture de rêve.

— Cette découverte est absolument stupéfiante... Dommage seulement que la destinée de ce trésor inestimable soit de voler en éclats !

— Détrompez-vous ! Jamais nous ne nous serions consenti le sacrifice d'une pareille pièce archéographique... La stèle gravée sera épargnée !

— Mais, par quel prodige ? ...

— L'implosion s'accomplira, je vous le répète, selon des règles très précises, et se verra en conséquence strictement délimitée au bloc obturateur. Le fronton, par bonheur, culmine suffisamment en retrait pour ne pas avoir à souffrir de la secousse. Une fois la « porte » réduite en poussière, les colonnes latérales feront office de piliers de soutènement.

— Ce texte mystérieux restera donc pour longtemps, et Dieu merci, en son état originel...

— Certes, mais inutile d'en remettre sa traduction aux calendes ! Dès cette minute, le défi est lancé à tous les décrypteurs amateurs ou professionnels du monde entier. Celui qui en percera le secret ne demeurera pas longtemps un inconnu !

— Il me revient le privilège de vous remercier en leur nom, professeur. (Francis se tourna vers la caméra qui le prit en plan rapproché.) Rappelons que nous étions en direct de la pyramide de Chéops pour l'édition de treize heures du journal de Canal 15. Je rends maintenant l'antenne aux studios de Paris.

UNE SÉANCE DU KRONOS CLUB

*Paris, le lundi 1er juillet 1996,
soit une semaine après cette retransmission*

Depuis 1992, année de sa fondation, le Kronos Club n'avait jamais produit la moindre vague. Société discrète davantage que secrète, elle aurait pu passer aux yeux goguenards de l'homme de la rue pour une aimable collection d'inoffensifs zozos. Son statut était celui d'une secte religieuse, une de plus à ajouter à la liste déjà fournie des nouvelles églises, dangereuses ou anodines, sérieuses ou folkloriques.

L'objet de sa vénération était le Temps, Kronos des Grecs, Saturne des Romains. Pas le temps climatique, obsession permanente des vacanciers, mais le temps qui passe, impalpable, tranchant le fil de nos destinées sans joie ni colère. Le club, curieusement, ne témoignait guère de l'indécente ardeur prosélyte des religions embryonnaires, son effectif global – fondateurs compris – se limitant au quota immuable de deux cent quatre-vingt-douze. Mais ce plafonnement tacitement agréé ne l'empêchait nullement de projeter sur l'avenir des espoirs démesurés. Les conversions par milliers, voire par millions, se déclareraient inévitablement avec l'arrivée du siècle nouveau. Si tout se passait bien. Or tout, pour l'instant, se présentait sous les meilleurs auspices...

Complexe en apparence, la structure interne du club était en fait, à supposer qu'on pût lui appliquer ce terme audacieux, d'une simplicité évangélique : il y avait ceux qui commandaient et ceux qui obéissaient, ceux qui détenaient la Connaissance et ceux qui en étaient privés.

Le corps se composait de deux cent quatre-vingt-six adorateurs, la tête, de six directeurs-fondateurs. Ces derniers, les grands-prêtres de Kronos, s'étaient conférés à eux-mêmes des titres symboliques correspondant aux différentes unités de la mesure du temps, suivant une hiérarchie formelle n'impliquant aucune notion de supériorité ou d'interdépendance. Une égalité scrupuleuse régnait donc au sommet et, lors des délibérations, pas une voix ne prévalait.

Les rapports de sujétion entre dirigeants et subalternes n'étaient pas moins élémentaires : le maître de la Minute commandait un dispositif de soixante adorateurs appelés les *secondes*, et le maître de l'Heure, un contingent équivalent de dévots appelés les *minutes*. Le maître du Jour regroupait les *vingt-quatre heures* ; celui du Mois, les *trente jours*, quant au maître de l'Année, le plus mal loti, numériquement parlant, il ne comptait sous sa houlette que douze individus dont le premier se nommait Janvier, et le dernier, Décembre. Le « Siècle », enfin, disposait en bonne logique d'une centurie de bénévoles affectés pour la plupart à des tâches de secrétariat. Un rapide calcul confirmera qu'ils étaient bien, présentement, deux cent quatre-vingt-douze dans la salle de réunion, prêtres et fidèles additionnés.

Lors des assemblées générales mensuelles – c'en était une, ce soir –, les grands-prêtres apparaissaient le visage masqué d'une cagoule de soie bleu ciel et vêtus d'une robe de même teinte et de même texture. Contrairement aux costumes rituels de sectes plus tapageuses, aucune débauche d'emblèmes cabalistiques ou autres, ne venait alourdir l'ensemble. Seul un petit sablier d'or résumant l'objet de leur foi était brodé sur le vêtement à hauteur du cœur. Rien de frelaté ni d'exagérément romanesque dans cette volonté de mystère ; si les maîtres se connaissaient entre eux, certains occupaient des positions sociales qui leur interdisaient de paraître à visage découvert. Pas avant le triomphe définitif de Kronos, en tout cas...

Les Six se tenaient assis autour d'une grande table ronde tendue de feutrine verte. Cela donnait à l'endroit un petit côté salle de jeu. Confirmant cette impression, les deux cent quatre-vingt-six membres occupant autant de fauteuils répartis en ondes concentriques, semblaient remplir le rôle de spectateurs attentifs aux préliminaires d'une partie. Mais quel jeu insensé pouvait bien se tramer ici... Et surtout, quelle en était la mise ?

Derrière les hautes fenêtres, le soleil couchant dilapidait à l'horizon des toits les derniers rubans rosâtres de son flamboiement estival. À 21 h 30 précises, une *seconde* se leva pour aller tirer les rideaux, tandis qu'une autre pressait le bouton d'un commutateur. Les appliques murales s'éclairèrent, plongeant aussitôt la salle dans une lumière ouatée. Alors, franchissant le seuil des fentes buccales pratiquées dans les cagoules, s'éleva une mélopée étrange et solennelle, bientôt reprise en litanie par deux cent quatre-vingt-six poitrines :

> *Ô Kronos, sublime principe d'éternité,*
> *Tu es le regard serein, indifférent au flux qui nous apporte*
> *Et au reflux qui nous remporte.*
> *Tu es celui qui a vu et qui verra s'allumer et s'éteindre toutes les lampes célestes de l'univers.*
> *Tu es le suprême guérisseur des passions*
> *Et le patient artisan de notre décrépitude.*
> *Tu es celui qui a vu naître et mourir les dieux et les rois.*
> *Celui qui a assisté au passage éphémère des prophètes...*
> *Au dévoiement de leur pensée.*
> *Ta grandeur est indicible, Ô Kronos ;*

Tenter d'ignorer Ta toute-puissance serait l'outrage des outrages !

Un silence recueilli s'ensuivit, auquel succéda – inévitable relâchement – une velléité de brouhaha, elle-même sanctionnée par une rafale de chut ! réprobateurs. Le maître de l'Heure, président par roulement de cette session de juillet, put attaquer l'ordre du jour.

– Je présume, chers frères et sœurs, que, tout comme moi, vous avez vu ou entendu parler du reportage sur la grande pyramide...

Hochements de tête des autres cagoulards. Adhésion unanime du parterre.

– La désintégration de la stèle qui libérera l'accès au cœur de l'édifice est désormais une question de jours. Soixante-deux pour être exact. Inutile d'épiloguer à perte de vue sur l'inconséquence sacrilège de ceux qui ont pris cette tragique décision ; attardons-nous plutôt sur les obligations qui nous incombent...

Une voix à l'intonation rauque, colorée d'un léger accent, s'éleva à son côté. La grande-prêtresse du Jour prenait le relais.

– ... Elles sont claires, maître de l'Heure. Il faut empêcher par tous les moyens l'accomplissement de cette profanation !

– La sagesse s'exprime par votre bouche, chère sœur, approuva le maître du Mois. L'imminence de l'opération nous contraint à passer plus rapidement que prévu à la phase active du schéma kronostique...

– ... Et nous en connaissons tous les modalités d'exécution depuis la fondation même de notre club, enchaîna le maître de l'Année.

Le maître du Siècle, lui, n'était probablement pas centenaire, mais la sensible voussure qui le ramassait dans son fauteuil en faisait selon toute vraisemblanche le doyen de l'aréopage. Par-delà les atteintes de l'âge, le timbre cassé de sa voix accusait un trouble certain.

— Cette terrible décision ne vous semble-t-elle pas un peu prématurée ? s'inquiéta-t-il. Le poids du secret que nous détenons est certes écrasant, mais la responsabilité de sa divulgation ne l'est pas moins. Pensez au chaos que cela ne manquera pas d'entraîner dans la conscience universelle...

L'objection était de taille, mais le meneur de jeu tenait sa réplique.

— La prudence, comme à l'accoutumée, inspire les paroles de notre vénérable frère ; la conjoncture, toutefois ne nous laisse guère d'autre alternative. Le chaos que vous évoquiez n'est-il pas déjà parmi nous ? Jamais autant qu'en cette fin de siècle ne fut donné aux initiés d'assister à un pareil déferlement d'intolérance fanatique. Songez à la prolifération et au succès toujours croissant des nouvelles sectes, ligues et associations religieuses ou para-mystiques... Sans parler de la dérive schismatique de plus en plus prononcée des cultes millénaires ! En ces temps de tumultes et d'affrontements larvés, notre Terre est sur le point de devenir une gigantesque Pompéi à l'échelle cosmique. Une Pompéi décadente qui attend... Que dis-je, qui espère le cataclysme ! ...

— ... Et qui l'obtiendra, renchérit le maître de l'Année, si nous ne faisons rien pour enrayer ce funeste processus !

Il agita le drapé de ses manches bouffantes avec la conviction d'un avocat d'assises.

— Tous ici, nous connaissons la solution du problème. Seul l'avènement de l'âge d'or à l'aube du troisième millénaire pourra canaliser une ferveur mystique largement dévoyée, et réunir l'humanité autour du culte rayonnant de Kronos !

Le maître du Mois opina de la cagoule.

— Pour atteindre ce but, chers frères, il ne suffit en somme que de passer de la théorie à la pratique. Sur ce point, comment ne pas concevoir les légitimes réticences du maître du Siècle ? L'exemplarité historique ne nous enseigne-t-elle pas que les prémices des révolutions s'effectuent rarement dans la sérénité ? Il nous faut donc envisager la réaction des sceptiques, des incrédules... L'hostilité prévisible des cultes concurrents...

— Les noms des principaux opposants potentiels nous sont connus, cher frère. Ils seront balayés en temps utile par l'aveuglante vérité de Kronos ! À l'égard de ceux-ci, notre détermination doit être inébranlable. Pas de quartier pour les impies ! Celui qui aura vécu par le poison du doute périra par le glaive de la certitude !

L'image était frappante. La salle éclata en applaudissements nourris.

— Eh bien ! Pour quelqu'un qui stigmatise le fanatisme !... ironisa le maître de la Minute.

— Si vous rangez sous la rubrique fanatisme un modeste catalogue de mesures préventives destinées à épargner au monde une Saint-Barthélemy généralisée, libre à vous ! Cette décision que, je n'en doute pas, nous prendrons à l'unanimité, n'est entachée en ce qui me concerne d'aucune passion morbide, de fanatisme encore moins. Si je devais chercher des excuses à notre action – ce qu'à Kronos ne plaise –, je dirais, paraphrasant la formule célèbre, qu'on ne fait pas d'âge d'or sans casser les œufs du serpent !

Contestataire frileux, le maître de la Minute haussa les épaules avec résignation.

— Nous n'avons plus le choix, de toute façon...

— Qu'il en soit donc ainsi ! exulta la grande-prêtresse.

Le président de séance se disposait à conclure,

quand le maître du Siècle lui coupa l'herbe sous le pied.

– Je n'aurais jamais imaginé assister si vite au triomphe de Kronos, fût-ce dans mes rêves les plus fous...

Il avait prononcé ces mots d'une voix si assourdie que son entourage immédiat perçut à peine le sens de ses propos.

SEBEK

Un mois plus tard
Nuit du 28 au 29 juillet

La nuit était superbe au point de ressembler, par son crible d'étoiles scintillantes, à une image idéalisée d'atlas astronomique. Aucun souffle de vent ne filtrait entre les immeubles, mais la ville, à cette heure avancée, s'enveloppait enfin d'une fraîcheur propice. Dans le lointain d'un appartement, un carillon égrena un triolet de virgules aigrelettes. Trois heures du matin... Le moment idéal pour une promenade solitaire par les rues silencieuses et désertes.

Du haut de sa soixantaine avantageuse, l'homme marchait d'un pas tranquille, assuré, le long du mur d'enceinte de l'hôpital Laennec. Il aspira une dernière bouffée de son cigare et en jeta le mégot dans le caniveau. À cinquante mètres devant, il nota la présence d'un camion énorme, genre véhicule frigorifique, lequel, garé au plus près, réduisait le trottoir à sa largeur congrue. Le promeneur s'étonna un peu que le seul engin motorisé du voisinage fût de cette taille inusitée, mais il n'en éprouva aucune angoisse, et il s'engagea sans accélérer le pas dans son ombre portée. Comme il en sortait, ses narines, déshabituées de l'arôme du Corona, perçurent une forte odeur musquée. L'homme fit la grimace. À ce moment, s'éleva derrière lui une plainte qui évoquait le vagissement d'un bébé. Il s'arrêta net et se retourna. Rien en vue à portée de regard. Alors il baissa les yeux et les écarquilla de terreur. À ses pieds se tenait la mort, la mort du fond des âges...

Police judiciaire, 36, quai des Orfèvres
11 h 30, le 29 juillet

— Vous vous appelez ?
— Clanchat. Gilbert Clanchat.

L'inspecteur Phalène brancha le magnétophone d'un geste machinal. Il taperait la déposition plus tard en écoutant la bande.

— Clanchat ?
— … A-T. Comme ça se prononce.
— Âge ?
— Trente-cinq ans.
— Profession ?
— Docteur en médecine. Attaché au SAMU.
— Que faisiez-vous rue de Sèvres à quatre heures du matin ?
— Un break.
— Un quoi ?
— Un entracte, si vous préférez. Je m'accordais une petite balade et une pause cigarette entre une crise de sciatique et une tentative de suicide.
— Vous étiez de service de nuit ?
— Voilà.
— C'est donc vous qui avez découvert le corps.

Le visage du médecin se transforma en une grimace de dégoût.

— Il paraît, oui. Je me disposais à retourner à la voiture, quand je tombe sur ce… sur cette…
— Il était complètement déchiqueté ?
— Ah ! Pour ça… Comme si on l'avait passé dans un concasseur ! Dans mon métier, j'en ai vu de dures, mais là…

Clanchat n'acheva pas, mais eut un roulement d'yeux explicite.

— En tant que médecin, vous vous êtes livré aux premières constatations ?
— Qu'aurais-je pu constater, à votre avis ? Que le

type était mort ? Je vous assure que cela ne faisait aucun doute !

– Ensuite ?

– Ensuite ? J'ai couru à la voiture et alerté aussitôt le commissariat du sixième arrondissement par l'intermédiaire de mon standard.

– Bien, docteur. Je vous remercie. Si nous avons besoin de détails complémentaires, nous ne manquerons pas de vous le faire savoir.

– À votre disposition.

Le médecin salua de la tête et sortit. Il laissa la porte ouverte pour céder le passage au commissaire Lionel Frusquint. Le divisionnaire était un bonhomme corpulent et jovial. Longs cheveux filasse, œil globuleux sous une paupière de batracien, joues rebondies, nuque de taureau, nez énorme, presque une trompe... Une trogne de bon vivant. En cette torride fin de matinée, il avait la cravate en bataille et les manches de chemise retroussées.

– Alors, mon petit Phalène, comment se présente l'enfant ?

– Les collègues du sixième m'ont transmis le dossier, soupira l'inspecteur. Étant donnée la personnalité de la victime, nous héritons de l'affaire.

– Oui, je sais. Régis Falconnier-Bussac n'était pas n'importe qui. Chef d'entreprise de la vieille école, dur, impitoyable... Une sacrée réputation !

– D'après le premier rapport, pas question d'accident.

– Va pour le meurtre... Et l'arme du crime ?

– Au choix, patron : une moissonneuse-batteuse, un marteau pneumatique ou une broyeuse mécanique !

– Rien que ça !

– Le hic, c'est qu'il n'y a aucune zone de travaux rue de Sèvres, ni dans les environs immédiats. En plus, à cette heure tardive, un tel vacarme aurait attiré du monde...

– On a dû l'assassiner ailleurs, probablement hors de Paris, et le jeter d'une voiture sur le trottoir.
– Je n'en suis pas si sûr. Pourquoi l'assassin, à moins d'être un fou, se serait-il débarrassé de sa victime dans une des artères les plus passantes de la capitale ? Il faut aussi penser aux conditions techniques du transport. Le corps était horriblement mutilé, disloqué…
– Ouais… Inutile de me faire un dessin !
– … D'autre part, poursuivit Phalène, Falconnier-Bussac habitait rue de Vaugirard. Selon toute vraisemblance, il regagnait son domicile, quand…

L'inspecteur Charmat intervint sur ces entrefaites.

– Le rapport du légiste ; affaire Falconnier-Bussac… annonça-t-il en brandissant une enveloppe de kraft.
– Bravo, il a fait vite ! s'épanouit Phalène en saisissant le pli.

Il décacheta l'enveloppe et en sortit un lot de quatre photographies grand format. Un feuillet d'appoint y était agrafé au moyen d'un trombone.

– Bon, le toubib situe le moment de la mort aux alentours de trois heures du matin…

Il marmonna encore quelques phrases pour lui-même jusqu'à la conclusion du message, et c'est alors que, laissant filer le papier entre ses doigts, il leva sur les deux autres un regard abasourdi.

– Selon le docteur Volnard, l'arme du crime…
– Oui ?
– … Se confondrait avec le criminel lui-même. L'assassin serait… serait…
– Parlez, bon sang ! s'impatienta Frusquint.
– … Un animal, murmura Phalène d'une voix à peine audible.

Il y eut un silence de quelques secondes au terme duquel le commissaire résuma d'une question la pensée de chacun.

— Mais quel animal a bien pu faire un tel carnage ?
— Nous le saurons tantôt, patron. Volnard indique en post-scriptum qu'il passera en fin d'après-midi avec un spécialiste.

Phalène prit son temps pour déjeuner. Il s'agissait de tromper l'attente jusqu'à l'arrivée du légiste. Il réintégra son bureau à 14 h 30 et y tapa consciencieusement la déposition du docteur Clanchat. Il monta ensuite aux sommiers pour consulter les dossiers archivant les agressions par animaux sur la voie publique. Un cortège heureusement peu nourri de photos plus éprouvantes les unes que les autres lui passa ainsi entre les mains, mais il ne trouva rien qui fût comparable à l'horreur de la rue de Sèvres. À dix-sept heures enfin, Volnard se présenta, accompagné d'un homme de taille moyenne, le cheveu blond et rare, nageant dans un ample costume de tweed. Tenaillé lui aussi par la curiosité, Frusquint avait tenu à être présent à l'entretien. Le légiste entra sans attendre dans le vif du sujet.

— Commissaire, inspecteur, je vous présente le professeur Bruno Désenchalles, directeur de recherches en zoologie appliquée auprès du Muséum d'histoire naturelle.

Il y eut un bref échange de poignées de mains, à la suite de quoi les quatre hommes prirent place de part et d'autre du bureau.

— Le professeur est une autorité mondialement reconnue en matière d'hydrosauriens, spécifia Volnard.

— D'hydro… quoi ? releva Frusquint, intrigué.

— … Sauriens, compléta l'homme de l'art. Vous savez, les alligators, les crocodiles…

— Le coupable serait un… crocodile ? s'étrangla le commissaire.

— C'est mon opinion, assura Désenchalles, péremptoire. Sur la demande expresse de mon ami le docteur Volnard, j'ai passé la fin de la matinée et une bonne partie de l'après-midi à examiner le cadavre dans les locaux de l'Institut médico-légal. Besogne peu ragoûtante, soit dit entre parenthèses, qui ne m'a certes pas fait regretter d'avoir sauté l'heure du déjeuner ! Oui, messieurs, il s'agit bien d'un crocodile. Un sujet mâle de trois à cinq ans. Les morsures qui ont entraîné l'hémorragie ne laissent planer aucun doute. J'ajoute que la configuration et la profondeur des blessures trahissent une puissance de mastication peu commune, ainsi qu'une largeur inhabituelle des mâchoires... Autant d'indices qui me confortent dans l'hypothèse que nous avons affaire à un individu dont la taille ne devrait pas être inférieure à six mètres...

La sueur au front, Frusquint écarta les mèches de sa longue tignasse graisseuse qui, par ces temps de canicule, le contraignait au shampooing bihebdomadaire.

– Essayez-vous de nous dire, professeur, qu'un lézard de six mètres de long se promène en liberté dans la capitale ?

– Je me borne à mentionner des faits, commissaire, se défendit prudemment l'interpellé. D'ailleurs, si je ne craignais de les prolonger...

– Nous vous en prions !

– Non. Ce serait prématuré.

– À votre aise, concéda Frusquint qui enchaîna, pratique : l'important, pour l'instant, est de savoir qui, à Paris ou dans la région, détient par-devers lui un animal aussi... voyant !

Le zoologiste esquissa un sourire affranchi.

– La fréquentation de tous les hydrosauriens de France et de Navarre m'autorise à affirmer que pas plus le Jardin des Plantes, le musée des Colonies, ou n'importe quel zoo dûment homologué ne possède un spécimen de cette dimension. Ça se saurait !

– Un cirque, peut-être ? suggéra timidement Volnard.

– Peu probable, intervint Phalène. Les chapiteaux fixes ou itinérants se comptent sur les doigts d'une main, et cela fait belle lurette qu'ils n'exhibent plus de crocodiles, même dans leur ménagerie. C'est bien trop dangereux.

– Bon sang ! explosa le commissaire. D'où sort cet animal ? Va-t-on être obligé de passer une annonce dans la presse, du style : « Recherchons crocodile de six mètres égaré rue de Sèvres dans un moment d'inattention » ?

– Puisqu'on parle de la presse, patron, une question se pose : faut-il ou non l'avertir ?

– Vous êtes malade, Phalène... Imaginez la panique !

– Hé ! Imaginez aussi le scandale si par malheur la bête frappe à nouveau, et que les journalistes apprennent que nous avons gardé la chose secrète...

– C'est bon, mon vieux, contactez-les, mais je vous en supplie, demandez-leur de ne pas trop en remettre dans le genre sensationnel. Qu'ils disent que la police est à la disposition du public vingt-quatre heures sur vingt-quatre, et que la présence de tout animal suspect doit nous être signalée aussitôt.

Désenchalles, quant à lui, ne se sentait que médiocrement concerné par cet échange. Les sourcils froncés au maximum, il se tordait le cou à s'en déboîter les vertèbres afin d'étudier au plus près les détails d'une photo posée en évidence sur le bureau.

– Euh... Pardonnez-moi, fit-il en désignant l'objet de sa curiosité. Est-ce là une reproduction des lieux de l'agression ?

– En effet, acquiesça Phalène en lui tendant machinalement le cliché.

– Ceci confirme mes appréhensions, déclara gravement le zoologiste après un bref examen. Je redoutais tout à l'heure le ridicule d'éventuelles confidences ; je ne le crains plus, désormais...

– Que voulez-vous dire ?

– Regardez la fontaine incrustée dans le mur... Ce pylône égyptien au pied duquel repose le cadavre...

– Oui, approuva Frusquint. Il intègre une statue de prêtre ou de pharaon. Paris n'est pas avare de bizarreries architecturales ; les sculpteurs du siècle dernier puisaient souvent leur inspiration dans l'Antiquité.

– Non, non, je parle de cette inscription sur la margelle...

– Quoi, ce graffiti tarabiscoté vaguement hiéroglyphique ? (Le commissaire déchiffra à haute voix le mot SEBEK). Probablement un groupe de rock qui fait de la publicité sauvage !

SEBEK

Désenchalles eut une moue incrédule.

– La coïncidence serait par trop extraordinaire... J'avoue ne pas être très féru de mythologie, mais ma spécialité me fait une obligation de connaître au moins ce nom, ainsi que les prérogatives qui lui sont attachées...

– Quoi, Sebek ? Qu'est-ce que cela signifie ?

– Sebek, messieurs, était le dieu-crocodile des anciens Égyptiens. Or la tradition nous enseigne qu'à l'occasion de cérémonies sacrificielles, un animal consacré dévorait sur l'ordre des prêtres les impies réfractaires au culte d'Amon.

– Il ne manquait plus que ça, rumina Frusquint. Un crime rituel à Paris, à la fin du vingtième siècle...

– ... Après Jésus-Christ ! crut bon de préciser Volnard, facétieux.

– Dans un ordre d'idées voisin, poursuivit Désenchalles, il me revient en mémoire qu'aux sources du Nil, certains élevages procèdent à des expériences poussées sur les grands reptiles ; croisements hasardeux allant parfois jusqu'à la création de véritables monstres... Notre crocodile pourrait bien en être originaire. Maintenant, comment aurait-il fait pour arriver ici ? Mystère.

— La bête ne serait donc pas l'assassin, mais une espèce d'arme vivante dressée pour l'attaque, déduisit Phalène. Il ajouta avec une moue agacée : nous retournons à la case départ.

Le zoologiste écarta sa chaise dans un crissement.

— Je crois qu'il est temps pour moi de vous laisser à votre enquête.

— Vous avez largement contribué à la faire avancer, professeur. Nous vous devons un grand merci.

— C'était la moindre des choses, commissaire ; et si vous avez encore besoin de mes lumières...

— Grands Dieux ! Le ciel fasse que non ! s'épouvanta Frusquint.

Il conclut l'entrevue sur cet espoir fervent, et raccompagna les visiteurs.

Resté seul, Phalène se planta devant l'unique fenêtre du bureau. Les yeux dans le vague, il ne put s'empêcher de déplorer : « Dommage que le capitaine Nox ait choisi de s'évaporer dans la nature. Cette histoire de crocodile baladeur, tuant à la commande, est tout à fait de celles qu'il eût affectionnées. »

UN POTAMOPHILE

Prétendre que les médias respectèrent à la lettre les consignes de modération du commissaire Frusquint eût relevé de l'abus de langage. Mais comment empêcher une meute de journalistes en mal de copie, jouissant au surplus de l'agrément tacite des autorités, d'exploiter un fait divers aussi sanglant que providentiel ? Depuis quarante-huit heures, les éditions successives des quotidiens se voyaient littéralement arrachées, et les flashes radio-télé avidement guettés par un public trop longtemps frustré de sensations fortes. Des titres aussi discrets que *Un industriel dévoré en plein Paris par un crocodile géant* ou *Le monstre parmi nous !* n'étaient guère de nature, il est vrai, à engendrer l'indifférence. En sorte qu'il ne fallait pas trop s'étonner si, en ce jeudi soir, 23 h 30, les rues de la capitale rassemblaient à peu près autant de population que les cratères lunaires.

Silhouette furtive digérée par la pénombre, l'homme en noir constituait une exception. Ensemble de cuir, chapeau rond à court rebord ; à la bouche, une pipe singulière à double fourneau, il arpentait d'un pas élastique l'avenue Victor-Hugo, sur le trottoir de droite en venant de l'Étoile. Huit cents mètres plus loin, il traversa la chaussée hors des clous et s'engagea sans ralentir l'allure dans la rue de la Pompe. Son regard aigu, rompu à la vision nocturne, n'avait nul besoin de la lueur des réverbères pour vérifier par intermittence les numéros d'immeubles. Il s'arrêta devant l'un d'eux, sonna à la grille d'entrée et s'engouffra sous le porche. La minuterie se déclencha automatiquement. À l'intérieur, jouxtant les boîtes aux lettres, une liste de noms correspondant aux habitants des lieux surmontait un interphone. Il pressa la touche en regard d'un bristol portant les deux mots *Jésophan Quimp*. L'appareil grésilla et on entendit un « oui » interrogateur et sec.

— Police, s'annonça l'homme en noir. C'est moi qui ai téléphoné.

L'interphone, cette fois, ne répondit rien, mais le vantail intérieur retentit d'un déclic consentant. Encore quelques secondes et le visiteur sonnait à la double porte palière du quatrième étage. Le battant de droite s'ouvrit aussitôt. Une femme lourdement charpentée, au faciès rébarbatif, résumait le comité d'accueil.

— Inspecteur Richard Phalène, se présenta l'intrus.

Il retira son chapeau et exhiba une carte barrée de tricolore.

— Je sais... On vous attend, grommela l'hôtesse, décidément peu amène.

À cet instant, une voix nettement plus cordiale se fit entendre depuis le vestibule.

— Entrez, inspecteur !

Un petit homme nerveux, sautillant comme un ludion, apparut au détour de la matrone.

— Ce sera tout, madame Pauwell, lança-t-il à cette dernière.

La femme obtempéra. Ils la regardèrent s'éloigner par le long corridor.

— Je suis un vieux célibataire, expliqua Jésophan Quimp. Madame Pauwell est ma nouvelle gouvernante. Ne vous formalisez pas de son accueil bourru ; elle ne connaît pas encore les habitudes un peu bohèmes de la maison.

Les deux hommes empruntèrent à leur tour le couloir, mais ils bifurquèrent dans la première pièce sur la gauche. Celle-ci se révéla être une salle de séjour ample et confortable. Témoignage de la singulière inclination du propriétaire, les murs tapissés à l'ancienne s'effaçaient derrière un alignement de vitrines présentant un assortiment disparate de bouteilles, d'ampoules, de jarres et d'amphores, autant dire la déclinaison quasi exhaustive de tous les conteneurs imaginables aptes à la conservation des fluides.

Le visiteur posa distraitement son couvre-chef sur l'accoudoir d'un fauteuil et y alla d'un préambule contrit.

– Excusez-moi de vous déranger à pareille heure, monsieur Quimp, mais les journées ne suffisent plus à la demande...

– Il n'y a pas de mal, inspecteur. Je ne suis pas ce qu'il est convenu d'appeler un couche-tôt. Asseyez-vous donc. Désirez-vous boire quelque chose ?

– Non, je vous remercie (l'homme en noir eut un sourire), quoique l'environnement soit diablement incitateur !

L'autre lui rendit son sourire.

– ... En revanche, je vous demanderai la permission de fumer.

– À votre aise.

L'inspecteur craqua une allumette et la promena alternativement au-dessus des deux fourneaux de sa pipe. Ce faisant, il se mit à examiner son hôte. Jésophan Quimp n'était pas grand, presque une taille de garçonnet, mais il ne paraissait en éprouver nul complexe. Le visage, modérément ridé, ne présentait en effet aucune crispation, aucun pli d'amertume. Autour d'une calvitie frontale accusée, une couronne fournie de cheveux blancs s'alourdissait aux temporales et rebiquait de chaque côté des oreilles comme des cornes de zébu. Le regard, vert d'eau, pétillait d'une malice enfantine, et la bouche, caoutchouteuse, paraissait avoir opté définitivement pour le sourire. Ce rapide examen conforta le visiteur dans l'idée que les maniaques et les monomanes se signaleraient toujours par la permanence de leur enthousiasme.

– Que puis-je pour la police ? demanda Quimp en s'installant. J'avoue que votre coup de téléphone m'a surpris.

– En deux mots, voici : vous êtes un collectionneur réputé ; le seul, en France du moins, à vous intéresser à...

– ... Au monde.

– Plaît-il ?

– Je suis le seul collectionneur au monde à m'intéresser à l'eau. L'eau des fleuves. Vous ne trouverez pas le mot dans le dictionnaire, mais je suis – pardonnez ce néologisme façonné à mon usage exclusif – un potamophile, un amateur de fleuves... Et savez-vous pourquoi je suis un potamophile ?

Il se gargarisait de ce mot. Phalène sentit qu'il n'échapperait pas à l'explication.

– ... Parce que, cher monsieur, on peut collectionner tout... tout... Sauf les potamophiles ! Je suis le seul de ma catégorie. Il existe de part le monde des milliers, voire des millions, de collectionneurs de timbres, de monnaies, de porte-clés, d'étiquettes de camemberts, de bagues de cigares, que sais-je ?... Or ces collectionneurs, qu'ils soient isolés ou regroupés en associations, figurent virtuellement sur une gigantesque liste... la grande collection des collectionneurs thématiques ! Quoi de plus trivial, de plus vulgaire, je vous le demande, pour un collectionneur digne de ce nom, que de se voir lui-même collectionné ? Ah !

L'argument se blindait d'une logique inexpugnable, l'absurde logique des fous. Phalène poussa la mise presque malgré lui.

– Vous auriez donc cultivé cette passion uniquement par anticonformisme ?

– Non, certes... Disons que, grand voyageur, captivé par les fleuves dès ma prime enfance, j'ai souhaité en conserver un souvenir tangible...

Aiguillonné par son propre discours, Quimp

s'éjecta de son fauteuil et se mit à sautiller de vitrine en vitrine.

– ... Tenez, regardez cette amphore... le Tibre ! L'eau du Tibre... Songez que Jules César en personne y a peut-être pêché ! Et ici, cette bouteille... le Mississippi ! Les bateaux à roues... Scarlett O'Hara... La décadence du Sud... Merveilleuse époque ! Et celle-ci... la Tamise... encore rougeoyante du sang de Charles Ier d'Angleterre ! Ici... le Yang-Tsé-Kiang et la fameuse baignade de Mao... Et voici le Danube... Une bonbonne de Danube... Pas plus bleu que mes pantoufles, du reste... Ce brave Johann Strauss, quel farceur ! Attendez... vous êtes un homme sensible à la rareté... Je vais vous montrer le joyau de ma collection...

Il revint saisir Phalène par la manche, presque violemment, et l'entraîna hors de la pièce. Considérant la perspective du corridor par-dessus le crâne de son guide, l'inspecteur déduisit que l'appartement était immense, d'autant qu'un escalier en colimaçon amorçait son hélicoïde à l'autre bout, vers le cinquième étage. Le potamophile précédait son invité forcé à quelque distance, déversant à son adresse des torrents d'éloquence. Phalène, lui, l'écoutait à peine, préférant s'attarder sur le contenu des vitrines bordant le parcours. Au détour de l'une d'elles, une porte était ouverte. Il ne résista pas à la tentation de glisser un coup d'œil à la dérobée. Ce qu'il entrevit dans la pénombre de la petite chambre imprima sa mémoire pour longtemps... Se sentant observé, il se retourna brusquement pour rencontrer le regard sévère de la gouvernante.

– Alors, vous venez ? s'impatienta Quimp en se tournant à son tour. Et vous, madame Pauwell, que faites-vous ici au lieu de préparer mon infusion ?

– J'y allais, monsieur, prétendit-elle avant de s'éclipser vers la cuisine.

Oubliant cet intermède domestique, les deux

hommes débouchèrent dans un nouveau salon de dimensions sensiblement identiques à celui qu'ils venaient de quitter.

— Excusez le désordre, inspecteur ; cette pièce me sert pour ainsi dire de débarras...

Sans marquer plus d'hésitation, Quimp marcha droit à un coffre-fort scellé au mur dont il manipula hâtivement le curseur.

— Approchez ! Approchez !

Phalène obéit et découvrit à l'intérieur du coffre une sorte de congélateur encombré de glaçons entre lesquels reposait à la verticale un cylindre de verre rempli d'un liquide brumeux.

— L'eau de la Moskova... maintenue à sa juste température depuis 1916 ! se pâma le collectionneur. Prélevée la nuit même où Raspoutine fut assassiné et jeté dans le fleuve ! Lors de son exil à Paris, le prince Youssoupov, pratiquement ruiné, m'a jadis cédé ce trésor pour une bouchée de pain ! Regardez... Regardez...

Phalène, instinctivement, avança la main vers le tube ruisselant de buée, mais le potamophile brisa son élan par une tape d'enfant jaloux.

— ... Regardez, mais ne touchez pas !

Tout à l'exclusivité de sa passion, il caressa amoureusement l'éprouvette avant de la replacer d'un geste précautionneux dans son écrin de frimas.

— Hum ! Une pièce admirable, en effet, convint poliment l'inspecteur, mais voyez-vous, ce qui m'intéresse, moi, c'est l'eau du Nil...

— Quoi... L'eau du Nil ! s'enflamma l'autre en refermant le coffre. Cher ami... Que ne le disiez-vous plus tôt !

Le maniaque ne se tenait plus de joie. Il venait de dénicher l'amateur éclairé.

— ... Le Nil ! enchaîna-t-il avec lyrisme, fleuve qui connut la première navigation en solitaire du jeune Moïse... Suivez-moi !

Et, joignant le geste à l'injonction, il retraversa la pièce comme une flèche.

Sur un socle de granite rose reposait une reproduction en volume grandeur nature du scribe accroupi ; toutefois, à la différence de la statue mondialement célèbre qui faisait l'orgueil du musée du Louvre, celle-ci brillait par sa transparence.

– Du cristal, inspecteur... du pur cristal emprisonnant la source de vie. Observez ce microcosme grouillant !

– C'est l'objet même de ma visite, monsieur Quimp. Je désire savoir si vous avez commandé récemment au gouvernement égyptien un cubage conséquent de ce cours d'eau.

Regard écarquillé du potamophile.

– Je n'ai rien commandé de tel ! Le seul échantillon de Nil que je possède est enfermé ici, dans le scribe.

– Pardonnez-moi d'insister, mais à supposer que vous deviez formuler une telle demande, comment celle-ci serait-elle reçue par les autorités concernées ?

Pour toute réponse, le collectionneur se rua vers un pupitre poussiéreux afin de prélever la première feuille d'une pile de papier à lettres.

– Regardez cet en-tête, inspecteur : *Jésophan Quimp, potamophile diplômé d'hydrologie* ; une raison sociale universellement connue et respectée. Je n'ai qu'un coup de téléphone à donner au Caire pour prendre mon bain, ici même, demain soir, dans les limons de la deuxième cataracte ! Les gouvernants de ce pays n'ont rien à me refuser.

– ... Mais vous n'avez produit aucune demande en ce sens ? s'entêta le policier.

– Non. Je suis formel.

– En ce cas, monsieur Quimp, il ne me reste plus qu'à prendre congé. Cet entretien fut des plus instructifs. Je vous remercie de m'avoir reçu.

Comme ils revenaient dans le corridor, Phalène aperçut l'inquiétante Mme Pauwell. N'était-ce qu'une impression ? Il ne put se départir de l'idée que pas un mot de leur conversation ne lui avait échappé.

– ... La moindre des choses, inspecteur ; et si je puis vous être encore de quelque utilité...

– ... Vous le pouvez, en effet... fit l'homme en noir d'une voix lourde de sous-entendus.

La gouvernante qui tournait les talons, s'arrêta net.

– ... La contemplation de tous ces fleuves en réduction m'a donné soif. J'accepterais bien un verre d'eau... du robinet !

– Je vous en garantis la pureté, gloussa le collectionneur. L'eau du seizième arrondissement est réputée à juste titre la plus pure de Paris.

Mme Pauwell avait repris sa marche.

Quand il fut dans l'escalier, l'inspecteur Phalène, du moins celui qui se prétendait tel, ne put s'empêcher d'évoquer l'objet qu'il avait fugitivement entr'aperçu dans la petite chambre. En sortant de l'immeuble, il se demandait encore où il avait bien pu voir auparavant semblable merveille.

LE SUSPECT IDÉAL

Vendredi 2 août

— Monsieur Méandre, je n'irai pas par quatre chemins : nous avons plusieurs suspects dans l'affaire Falconnier-Bussac... Après avoir transmis leurs fiches à notre terminal d'ordinateurs et comparé les divers paramètres, j'ai le regret de vous informer que ce dernier vous place en tête de liste.

Luc Méandre considéra le commissaire Frusquint d'un œil désabusé. C'était un homme jeune, grand et mince, dont l'excellente image de respectabilité se voyait, en son état actuel, passablement ternie. Mise négligée, chemise douteuse, veston défraîchi, physionomie blafarde disparaissant sous une barbe de quatre jours ; il donnait la triste impression d'un sportif de haut niveau s'abandonnant sans plaisir à la déchéance.

— Suspect numéro un, hein ? railla-t-il en sortant de la poche intérieure de son veston un flacon métallique. (Il en dévissa le bouchon, porta le goulot à ses lèvres et lampa ce qu'il contenait encore de whisky.)

Frusquint, curieusement, le laissa faire.

— Nous sommes au courant de vos problèmes affectifs, compatit le policier avec une douceur inhabituelle.

— Soyons clairs, commissaire : malgré toute ma charité chrétienne, ce n'est pas moi qui irai pleurer sur le sort d'un Falconnier-Bussac. Éliminer un être aussi vil relève de la salubrité publique.

Il éleva le flacon vide comme pour porter un toast :

— Grâces soient rendues à l'assassin... Qu'il appartienne au règne des reptiles ou à celui des fous furieux !

— Attention ! Tout ce que vous direz pourra être retenu contre vous, avertit loyalement Frusquint, en récitant un article de la législation récemment adopté par le Code français.

— Ne vous fatiguez pas, commissaire ; je connais suffisamment la loi pour savoir qu'un commentaire, même désobligeant, ne saurait justifier une inculpation. Croyez-moi, si je m'étais chargé de la besogne, Bussac n'aurait pas eu droit à ce cérémonial morbide ; une balle dans la nuque aurait suffi !

— D'après mes renseignements, il serait le responsable indirect de la mort de votre père, Charles Méandre ?

Les larmes affluèrent aux yeux du jeune homme, qui précisa avec une ironie désespérée :

— Vous pouvez ajouter ma mère à son tableau de chasse ; elle s'est éteinte ce matin à l'Hôpital Américain.

— Oui. Nous l'avons appris.

— ... Quant à dire qu'il en fut le responsable indirect, cela me paraît largement au-dessous de la vérité ! Mon père avait été jusqu'à l'année dernière l'associé de Bussac. Sa confiance en lui était entière. Pauvre naïf... Il ignorait tout des malversations occultes de son partenaire ! Lorsque le scandale éclata, l'autre n'hésita pas une seconde à lui faire porter le chapeau. Pour cela, il avait les belles cartes : toutes les affaires douteuses tramées par Bussac avaient été cautionnées en sous-main par la branche commerciale Méandre et Fils, à l'insu de notre famille, bien entendu. Du jour au lendemain, mon père se vit éclaboussé, ruiné, condamné, tandis que son « ami » passait pour l'innocente victime d'un abus de confiance et héritait le plus légalement du monde des parts majoritaires ! Résultat : mon père s'est suicidé en janvier dernier, et ma mère, à la suite de ce choc, est tombée gravement malade. J'ai moi-même assisté à toutes les étapes de son agonie. Pendant ce temps, c'est vrai, j'ai ruminé des idées de vengeance… sans avoir jamais le courage de passer à l'acte. Le hasard, par bonheur, a pallié ma lâcheté. Finalement, il y a une morale à cette fable animalière : le crocodile a dévoré le requin !

Le policier eut une moue conciliante.

— Étant donné les circonstances, des aveux de votre part…

— … Me vaudraient l'indulgence de n'importe quel jury ? C'est certain. Seulement voilà : je n'ai rien à avouer.

— Je dois quand même vous poser la question : où étiez-vous dans la nuit du 28 au 29 juillet ?

— Comme toutes les nuits depuis des semaines : au chevet de ma mère, chambre 208 à l'Hôpital Américain. J'ai obtenu de la direction la permission d'installer un lit de camp…

— Vous êtes pourtant sorti, ce soir-là…

— Oh ! Pas longtemps. Des amis m'avaient traîné au restaurant, histoire de me changer les idées. Mais le cœur n'y était pas, et je suis rentré tôt.

— À quelle heure ?

— La nuit tombait. Désolé, commissaire ; quand le crocodile a mis le couvert – vers trois heures du matin, si je ne m'abuse –, j'avais réintégré ma chambre depuis longtemps. L'infirmière de garde vous le confirmera.

— Vous auriez pu ressortir sans être vu. La nuit, toute surveillance se relâche.

— C'est ça ! J'aurais regagné mon domicile en cachette pour prendre mon crocodile favori, suivi Falconnier-Bussac rue de Sèvres et là, dit à la bête : « Voilà, c'est lui, ksss ! ksss ! Mords-le ! » Soyons sérieux, je vous en prie !

— Comment êtes-vous au courant de ces détails ? Le crocodile… La rue de Sèvres… L'heure présumée de l'agression…

– Vous vous moquez de moi ? Le chagrin n'empêche pas de lire les journaux !

– ... Et ce fait divers, naturellement, vous intéressait au premier chef... Bien, conclut Frusquint. Vous pouvez rentrer chez vous. Je vous demande seulement de ne pas quitter Paris.

– Même pour enterrer ma mère, à Orléans ?

– Non. Cela va de soi.

Le commissaire pressa la touche stop du magnétophone.

– Pénible et bouleversant, n'est-ce pas, Phalène ?

– Oui, patron. Une véritable avalanche de catastrophes. Beaucoup pour un seul homme... Personnellement, je ne crois pas qu'il soit coupable, néanmoins...

– ... Qu'il ait téléguidé le meurtre ?

– C'est une éventualité, mais je ne le pense pas non plus. Je ne sais à quoi attribuer cette impression, mais je sens que sous son chagrin, incontestablement sincère, consciemment ou non, il nous cache quelque chose...

– Bah ! Nous verrons bien. Que donnent les autres suspects ?

– Il y en a une dizaine. Bussac avait pas mal d'ennemis – assurément moins mortels que Méandre – mais, vérification faite, chacun d'eux dispose d'un alibi en béton.

– Nous en revenons à l'hypothèse du meurtre occasionnel... Un fou, comme le suggère Méandre. Le dingue au crocodile voit un type seul dans la rue et le désigne à sa bête. Le hasard...

– Il a bon dos, le hasard ! Si Falconnier-Bussac était aussi noir que nous l'a dépeint ce pauvre garçon, il a mis dans le mille !

– Tout cela me rend perplexe, soupira le commissaire. Je regrette presque de devoir partir en vacances.

NEPHTYS

Lundi 12 août

Dix jours avaient passé. Dix jours seulement, mais qui marquaient une notable transition : celle des exodes communicants. Les vacanciers de juillet étaient en effet revenus, fiers de leur bronzage, mais amers à l'idée de reprendre le collier. Leur nombre, toutefois, ne parvenait pas à combler l'énorme vide consécutif au départ des aoûtiens.

À l'entame de cette deuxième semaine de rentrée toute théorique, le manque, visible à l'œil nu, augmentait, comme chaque année à la même époque, d'un cran supplémentaire la détresse des isolés et la jubilation des misanthropes. Les médias, de leur côté, s'efforçaient de maintenir un raisonnable climat de panique autour de la bête, mais que pouvaient bien peser ces extrapolations alarmistes face à l'incroyable faculté d'oubli d'une clientèle versatile ? Car on commençait à oublier le crocodile, à douter même qu'il eût jamais existé ; les esprits forts n'hésitant plus à l'assimiler à un énorme poisson d'avril différé de quatre mois.

La prudence se voyait donc rayée de l'ordre du jour. Éprouvé par l'accablante canicule des heures ouvrables, ce qui restait de Parisiens ne craignait plus de répondre à la sollicitation de la fraîcheur nocturne. Groupés ou solitaires, les badauds investissaient donc avenues et boulevards, s'agglutinant aux terrasses des cafés jusque tard dans la nuit.

15 h 45

Le téléphone sonna. Phalène acheva de taper sa phrase et décrocha. Puigambert, commissaire suppléant du quartier de la Muette, trépignait à l'autre bout du fil.

— Inspecteur Phalène. J'écoute.

— Commissaire Puigambert à l'appareil. Frusquint n'est pas là ? J'ai demandé son poste.

— Il est en vacances. Je peux faire quelque chose ?

— C'est que… j'ai sur les bras un meurtre… euh… un meurtre extravagant ! J'appelais Frusquint, parce que…

— Ne me dites pas… Le crocodile ?

— Non, mais ce n'est peut-être pas sans rapport. Il s'agit d'un type noyé dans son appartement.

— Dans sa baignoire, affirma plus que questionna Phalène.

— Non, non, dans son appartement ! s'obstina l'autre.

— Bon, j'arrive. Donnez-moi l'adresse.

Puigambert attendait son collègue devant la grille de l'immeuble. C'était un petit bonhomme tout rond, pour l'heure liquéfié par la sueur. La portion de rue bruissait à ce moment d'une activité intense. Il y avait des hommes en blanc s'affairant autour d'une ambulance dont le gyrophare papillonnait en pure perte – on était au milieu de l'après-midi. Il y avait aussi des gardiens de la paix exhibant leur tenue d'été, et puis des pompiers bottés et casqués, s'activant auprès de deux camions rouge vif qui encombraient à eux seuls les trois quarts de la chaussée. Depuis le plateau pivotant du premier, la grande échelle télescopique s'élançait à l'assaut des derniers étages. Il y avait enfin, inévitablement, la foule contenue des curieux à laquelle un brigadier affirmait, défiant la logique, qu'il n'y avait rien à voir. L'effervescence de la rue, quand le quotidien bascule dans l'extraordinaire…

— Venez, dit Puigambert. L'ascenseur est par là.

– Je vous suis.

La double porte palière du quatrième étage béait largement sur le vestibule. Elle avait été forcée en douceur, sans gros dommage pour le chambranle. Ils entrèrent et se frayèrent tant bien que mal un chemin vers le corridor, slalomant entre les divers représentants de la protection civile. La porte de ce qui avait été le living-room s'ouvrait elle aussi à deux battants, mais cela ne signifiait aucunement que l'accès en fût libre. Une poche de plastique gonflée de liquide interdisait le passage.

– Mais qu'est-ce que... commença Phalène.

– ... Une enveloppe de styrène qui épouse le salon dans sa totalité, expliqua Puigambert. Une véritable piscine gonflable ! À première vue, les pompiers estiment sa capacité à une centaine de mètres cubes !

L'inspecteur émit un sifflement impressionné qu'il prolongea d'une question. De *la* question.

– Vous avez parlé d'un meurtre ?

– Le type est à l'intérieur, noyé. L'eau n'est pas d'une pureté de cristal, mais en vous penchant un peu, vous pourrez le voir flotter entre un guéridon Louis XVI et un fauteuil Voltaire...

Phalène s'exécuta. Il cligna des yeux et plongea – c'est le cas de le dire – son regard par-delà la muraille de plastique.

– Qui est-ce ? demanda-t-il en se redressant.

– Il s'appelle... Il s'appelait Jésophan Quimp. Un original. D'après sa gouvernante, il collectionnait l'eau... l'eau des fleuves.

– Hum ! Il a eu cette fois les yeux plus gros que le ventre !

– Bah ! Du moins est-il mort dans son élément...

– Il n'en demandait peut-être pas tant ! Selon vous, si j'ai bien compris, l'hypothèse du suicide est à proscrire ?

– Formellement. Gerda Pauwell, la gouvernante, nous a déclaré que son patron n'avait jamais manifesté l'intention d'en finir. Il ne vivait que pour sa lubie aquatique, et celle-ci, si vous me passez l'expression, était loin d'être tarie. Quant à invoquer un acte irraisonné consécutif à un brusque accès de déprime, l'élaboration d'une telle mise en scène le contredit absolument.

– C'est certain. Au fait, vous m'avez laissé entendre que ceci pouvait avoir un rapport avec l'affaire du crocodile… Bon sang ! se récria Phalène. Cette eau, souillée de courants brunâtres… Ne me dites pas que la bête est avec le noyé dans le… dans la…

– Non, rassurez-vous. Le sonar des pompiers l'aurait repérée. D'ailleurs, vous avez vu : le corps est intact…

– Sur quoi vous fondez-vous, alors, pour établir une relation ?

– Je vais vous montrer.

À cet instant, Mme Pauwell qui promenait son altière corpulence dans le corridor passa à leur hauteur.

– Tiens ! Inspecteur Phalène fit-elle d'une voix gutturale.

– Vous vous connaissez ? s'étonna le commissaire.

La femme de charge parut s'offusquer de l'évidence.

– L'inspecteur nous a rendu visite, il y a de cela une dizaine de jours…

– Quoi ! se rebella Phalène, au comble de la stupeur. Vous faites erreur, madame ; je n'ai jamais mis les pieds dans cet appartement avant aujourd'hui !

– Mais enfin, je vous reconnais !

Puigambert considéra son collègue d'un regard appuyé, puis décida, un peu gêné :

– C'est bon. Nous éclaircirons ce point plus tard.

La virago s'éloigna, non sans avoir gratifié Phalène d'une œillade vengeresse.

La structure de plastique dépassait l'encadrement de la double porte comme un ventre proéminent. Plus question d'envisager la fermeture. Le gros policier s'y essaya, pourtant, en priant pour que le jeu des gonds n'entamât pas le plastique. Il ne réussit qu'à stabiliser le battant gauche à la perpendiculaire du mur. C'était suffisant.

– Ici, dit-il.

L'inspecteur suivit son geste et passa de côté. Au-dessus de la moulure centrale du panneau s'étalait une inscription dégoulinante. On retrouvait dans la volonté exotique du tracé la même facture pseudo-hiéroglyphique que celle antérieurement relevée sur la fontaine de la rue de Sèvres. Mais le mot était différent ; il s'agissait cette fois de NEPHTYS.

NEPHTYS

– ... De la peinture rouge, se hâta de préciser le commissaire afin de couper court à tout effet mélodramatique. Il ajouta :

– J'ai reçu, comme tous les responsables de Paris et de la région une copie confidentielle du dossier « Crocodile ». Le rapprochement est peut-être abusif, mais cette inscription m'a rappelé...

– ... Sebek ? Oui. Il y a un air de famille.

Accompagnant ses dires, Phalène s'approcha d'une console sur le marbre de laquelle reposait une édition complète du Larousse en sept volumes. Il s'empara du sixième.

– ... Mais pour en revenir à ce meurtre-ci, puisque meurtre il y a, se pose tout de même la question du comment, faute de pouvoir résoudre pour l'instant celles du qui et du pourquoi...

– Pour ça, pas de problème ! répartit Puigambert. Un système de pompage... Le camion-citerne d'une compagnie fictive – nous avons vérifié – a longuement stationné devant l'immeuble samedi après-midi. Nous tenons le renseignement d'un retraité de la maison d'en face venu témoigner spontanément. On peut imaginer un gros tuyau passant sous le porche et serpentant dans la cage d'escalier jusqu'à venir s'embrancher dans la poche de plastique ; on y décèle un raccord... Malheureusement, le témoin n'a pas aperçu l'opérateur. De son propre aveu, il ne jetait un coup d'œil que par intermittence ; la télé diffusait à cette heure-là son feuilleton policier préféré... S'il avait pu savoir ! En plus, notre assassin jouait sur le velours : l'immeuble n'a pas de concierge, et il était de surcroît entièrement vide. Vous pensez, un week-end ensoleillé en plein mois d'août...

Phalène opina distraitement de la tête. Il était arrivé à la page qu'il cherchait. Son index impatient descendait la colonne des noms : « Nephrotome... Nephtali... Nephtys ! Nous y voilà ! ». Il commença à lire en marmonnant : « Transcription grecque du nom égyptien Nebthaït que porte une des déesses du mythe osirien... ». Puis, élevant la voix : « Nephtys, divinité tutélaire du Nil, source de vie... ».

– ... Et de mort ! se rengorgea Puigambert en se rendant compte à retardement de la pertinence de son enchaînement. Mais alors, l'eau bourbeuse du salon !...

– Pourquoi pas ? s'enhardit l'inspecteur. La victime ne collectionnait-elle pas les fleuves ? Il faudra analyser cette eau. En attendant, tenons pour acquis que Nephtys a patronné le meurtre de Quimp comme Sebek celui de Bussac... C'est égal, résuma-t-il, un collectionneur d'eau marinant dans cent mètres cubes de son élément de prédilection, et cela rue de la Pompe... Notre assassin a vraiment le sens de l'humour !

– Noir... très noir, si vous voulez mon avis.

– Et Madame Pauwell, vous l'avez interrogée ?
– Oui, juste avant votre arrivée.
– Quel était exactement son rôle auprès de Quimp ?
– Ses rôles, vous voulez dire ! Gouvernante, secrétaire, femme de ménage, cuisinière, infirmière à l'occasion...
– Ne pourrait-elle étendre ce registre impressionnant à l'emploi de meurtrière diabolique ?
– Un rôle de composition, alors ! s'esclaffa Puigambert. Non, cela ne tient pas. Pourquoi aurait-elle repoussé avec autant de véhémence la thèse du suicide ?
– Suprême habileté, qui sait ? hasarda Phalène sans la moindre conviction. Son domicile ?
– Ici même, à l'étage au-dessus. Une concession de trois pièces accordée par Quimp. Elle a du reste précisé avant qu'on le lui demande (sourire entendu du commissaire), qu'elle cohabitait avec la victime en tout bien tout honneur. Une Flamande, rigide sur ses principes ; vous voyez le genre...
– Elle n'a rien vu, rien entendu ?
– Et pour cause : elle a passé le week-end dans sa famille en Belgique. Elle est revenue seulement au début de l'après-midi et nous a avertis aussitôt après avoir découvert l'étendue du désastre. Nous contrôlerons ses déclarations, évidemment, mais je ne pense pas qu'il y ait lieu de douter de sa parole.

Comme il achevait cette dernière phrase, Puigambert se prit à examiner son collègue d'un œil chargé d'allusions. Phalène saisit au vol le message implicite.

– ... D'accord, commissaire, soupira-t-il, agacé. Je reste à votre disposition pour une confrontation avec le témoin.
– Je ne doute pas non plus de votre parole, mais comprenez...

– Je comprends. Faites figurer cette divergence de vues au rapport si vous le jugez nécessaire.

Sur le point de quitter les lieux, l'inspecteur poussa machinalement une porte entrebâillée.

– Tiens, ce réduit est vide, observa-t-il avec une nuance de surprise mêlée de regret.

– Était-il censé contenir quelque chose ? s'enquit Puigambert de plus en plus soupçonneux.

Le regard de Phalène se perdit dans le vague.

– Pas particulièrement. J'ai seulement ressenti pendant une fraction de seconde une curieuse impression de manque...

EGYPTA SUPERBA

Lundi 19 août

Si Paris s'était vidé de la plus grande partie de ses habitants, les touristes, judicieusement déversés par cars entiers à leurs points de ralliement coutumiers, s'appliquaient à rétablir un semblant d'équilibre numérique. Le Grand Palais constituait cette année un rendez-vous parmi les plus courus. Il faut dire que la formidable exposition Egypta Superba, inaugurée à grand renfort de personnalités le mardi précédent, n'était pas de celles qui laissent l'amateur indifférent. De fait, elle ne désemplissait pas. Succès oblige : on pouvait voir à tout moment de la journée des files impressionnantes s'étirer devant le triple portail de la façade principale.

Certains, jeunes et moins jeunes, n'hésitaient pas à passer la nuit dans des sacs de couchage au pied des colonnades afin d'être les premiers visiteurs du lendemain. D'autres, moins courageux quoique tout de même fort matinaux, les rejoignaient dès l'aube, munis de sièges pliants. Leur espoir, entretenu par des heures d'attente, culminait avec l'arrivée des préposés aux caisses. Le sacrifice d'une nuit éprouvante ou d'un réveil aux aurores trouvait enfin sa récompense : une fois acquitté le tarif d'entrée, ils étaient admis sous la gigantesque verrière. Deux options se présentaient alors à eux : celle de se regrouper sagement sous la houlette d'un guide attitré, ou d'entamer la visite de façon autonome. Les inscriptions en quatre langues placardées en regard des pièces exposées étaient parfaitement aptes à satisfaire la curiosité des plus difficiles, quel que fût leur choix initial... mais à supposer que cela n'eût pas été suffisant, on pouvait toujours se procurer gratuitement à l'accueil une cassette de commentaires avec un écouteur.

L'itinéraire de l'exposition obéissait à la chronologie définie par son sous-titre *De Ménès à Cléopâtre*. On progressait donc d'une salle à l'autre, enjambant allègrement siècles et millénaires, selon le découpage arbitraire mais commode des tranches dynastiques. Révérence gardée, les deux premières étaient plutôt pauvres, et l'idée de restituer la nuit des temps par un éclairage parcimonieux, peut-être pas excellente... Les visiteurs n'avaient en effet rien de plus pressé que de quitter cette pénombre pour rallier au plus vite l'éblouissement solaire des futurs grands empires.

L'émotion, par conséquent, ne naissait qu'à partir des IIIe et IVe dynasties ; celle du roi Djoser, constructeur de la pyramide à degrés de Saqqarah, celle de Chéops, Chéphren et Mychérinos, pharaons bâtisseurs dont les œuvres monumentales accompagnaient sereinement l'éternité. Au milieu de la salle qui leur était dévolue, une splendide maquette reconstituait avec le plus parfait réalisme la configuration du site de Gizèh.

Faisant face à ce panorama en réduction, une vitrine présentait le volume éclaté de l'intérieur de la grande pyramide ; ce que l'on en connaissait du moins, à vrai dire peu de chose... De tous les mystères de l'Orient, celui-ci demeurait le plus impénétrable, mais il ne faisait désormais de doute pour personne que son exaspérant hermétisme ne narguerait plus longtemps l'insatiable curiosité humaine.

Dans exactement treize jours, on saurait si la chambre secrète, scellée depuis cinquante siècles au cœur de l'édifice, abritait la dépouille d'un roi, ou autre chose... C'est donc l'esprit tranquille qu'on laissait derrière soi la réponse en suspens pour aller à la rencontre de mystères moins épais ou définitivement résolus.

Pas après pas, mètre après mètre, salle après salle, cet exaltant périple en vase clos proposait un raccourci instructif des multiples épreuves qui guettent les civilisations. Il y avait les éveils turbulents nourris d'enthousiasmes pionniers, préludes à d'irrésistibles montées au pinacle. Un florissant imperium installait alors son pouvoir sur des fondations qu'il voulait croire solides... mais négligeait déjà avec superbe les premières lézardes annonciatrices de sa ruine. Héritière funeste de ces abandons, venait la décadence, vertigineuse tentation à laquelle aucun peuple, jamais, n'avait su résister... Et puis, au terme d'une période plus ou moins longue de torpeur languide émaillée de tumultes sanglants, jaillissait pour des raisons aussi obscures que jadis le déclin, la renaissance, porteuse d'un nouveau cycle. L'Histoire, sans cesse recommencée... Au détour des obélisques, des sphinx et des pylônes, on rencontrait les guerres, assistant sur toute leur durée aux conflits récurrents contre les Hittites, les Hébreux et les Babyloniens.

On s'alarmait des occupations successives, mais on se rassurait au chapitre suivant en découvrant que l'Égypte possédait la faculté inouïe de digérer ses conquérants – fussent-ils César ou Alexandre – comme le cobra digère la mangouste. Au gré de sa déambulation, on admirait la fulgurante intelligence de Thoutmès III, le grand stratège, surnommé par les historiens le Napoléon de l'Antiquité. On prenait parti pour Akhénaton, le prince visionnaire, et pour son épouse, la belle Néfertiti. On s'apitoyait sur Toutankhamon, infortuné roitelet miraculeusement repêché de l'oubli par une fabuleuse gloire posthume. On se passionnait pour l'interminable règne de Ramsès II, et pour celui sensiblement écourté, de son héritier, Mernephtah, le pharaon qui avait osé défier le dieu de Moïse... Et si on critiquait volontiers l'indolent principat hellénistique des Ptolémée, c'était pour mieux compatir au sort de la dernière d'entre eux, Cléopâtre VII, reine si illustre qu'on ne mentionnait plus, en parlant d'elle, le numéro d'ordre qui la distinguait de ses homonymes.

En matières artistiques et techniques, on célébrait le ciseau des sculpteurs qui avaient réussi le prodige de bannir toute monstruosité des représentations divines, inquiétantes entités mi-humaines, mi-animales. De même louait-on le génie des peintres dont les figures polychromes, figées sur leurs supports d'albâtre, reflétaient fidèlement le caractère de leurs modèles. On y lisait pêle-mêle la majesté des rois, la modestie des scribes, l'espièglerie des courtisanes, l'arrogance des nobles, la fourberie des prêtres, la ferveur du peuple, la résignation des esclaves... On restait frappé par l'extraordinaire modernité du mobilier, confondu devant la stupéfiante fonctionnalité des instruments de médecine et de chirurgie, fasciné par le secret perdu du rite de la momification. Et si on se captivait ces jours-ci pour les mystérieux idéogrammes de la stèle de Chéops, l'intérêt pour les hiéroglyphes, employés sans altération notable pendant près de trente siècles, ne faiblissait pas pour autant.

Le dernier portail concluant cet étourdissant labyrinthe vous rendait fourbu, mais les yeux gorgés de splendeurs, à un présent mesquin et futile. À la nostalgie, déjà... l'Égypte antique, jamais, ne susciterait l'indifférence. Souvenir enfoui dans la mémoire universelle, elle occupait de toute éternité bien davantage qu'une position géographique donnée sur le globe terrestre : une place privilégiée gravée au cœur de l'homme... mais parfois aussi dans les zones les plus enténébrées de son cerveau reptilien...

Quoique son inauguration remontât à moins d'une semaine, Egypta Superba avait déjà ses abonnés, ses fanatiques. Ce couple d'Américains plus vrais que nature faisait partie du nombre. Les premières salles n'offrant plus pour eux le moindre attrait de nouveauté, ils les avaient écumées ce matin au pas de course, afin de reprendre la visite à l'endroit où ils l'avaient laissée deux jours auparavant, c'est-à-dire sous la grande rotonde surplombant les vestiges de la XVIIIe dynastie. La dame se prénommait Gladys. C'était une quinquagénaire assez forte, dont le comportement habituellement expansif pour ne pas dire frénétique, se voyait démenti par une singulière mise en veilleuse. Toute respiration en suspens, son corps demeurait en effet immobile, son visage levé n'exprimant rien d'autre qu'un étonnement béat. Absorbée dans une sorte de transe intérieure, Gladys était tombée en pâmoison devant la statue de la reine Hatchepsout. La souveraine, non moins immobile, répondait à cette hébétude par une indifférence hautaine.

Vêtue d'une ample robe plissée disparaissant sous une batterie de bijoux ornementaux, elle se tenait assise sur un trône doré dont l'échine de deux lions formait les accoudoirs. Le siège, placé en surélévation d'une estrade portable, conférait à son occupante la domination sur toutes choses, passées, présentes et à venir. Figée dans une raideur majestueuse, ancestral apanage des monarques égyptiens, elle portait ses avant-bras croisés sur la poitrine, ses mains délicates enserrant à hauteur d'épaules la crosse et le fléau, symboles d'autorité et de légitimité. Davantage figure de cire que sculpture de granite, la statue se prévalait d'un tel réalisme que Gladys, sortant de sa catalepsie, retira précipitamment ses lunettes chargées de strass pour en astiquer les verres. Les ayant rajustées, elle entreprit son époux dans leur langue, moyennant quoi le dialogue qui s'ensuivit ressembla bientôt par ses couinements agressifs à la bande sonore d'un dessin animé.

– ... Et moi je te dis que cette statue n'était pas là vendredi...

– Ils ont dû l'apporter pendant le week-end, répartit le mari avec placidité. Les musées reçoivent souvent après coup des pièces retardataires...

– Cette ressemblance est tout de même incroyable ! Tu ne trouves pas, Oliver ?

– Quelle ressemblance, ma chérie ?

– Oh ! Toi, tu ne remarques jamais rien ! Regarde le visage de la reine. Il ne te rappelle vraiment personne ?

– Bah ! Maintenant que tu en parles, notre fille Susan, peut-être...

– Mais non, voyons... que tu es bête !... Cassandra Flown, l'actrice ! Son film, *The Egyptian Queen* est repassé il n'y a pas longtemps à la télé...

Résigné, le nommé Oliver examina la statue en se malaxant le menton. Il déclara finalement pour avoir la paix :

– Cela prouve une chose : les producteurs de cinéma sont des gens sérieux. Ils ont choisi une comédienne conforme à l'original !

– À ce point-là ? hennit son épouse.

– Allons, Gladys, ne te mets pas dans des états pareils ! Que pourrais-tu bien voir d'autre dans cette sculpture qu'une représentation fidèle – très fidèle, d'accord – de la reine Hatchepsout ?

Visiblement, Oliver ne souhaitait pas rééditer pour son compte la légendaire bévue de son compatriote demandant ingénument si la figure équestre de Jeanne d'Arc qui caracolait tout étendard déployé place des Pyramides, n'était pas, par hasard, la statue d'Ingrid Bergman...

L'instant qui suivit fut étrange, silencieux, comme baignant dans une atmosphère d'irréalité. Un cri strident déchira cette torpeur et se transporta aux quatre coins de la bâtisse. Cédant à l'hystérie, Gladys avait hurlé. Hatchepsout regardait toujours devant elle, l'œil fixe, alourdi par le maquillage... mais son avant-bras gauche venait de chanceler dans une orbe gracieuse et mécanique sur ses genoux joints. Les doigts libérèrent aussitôt la crosse d'or et d'azurite qui alla rebondir sur le dallage dans une succession de chocs répercutés par l'écho.

– Mon Dieu... murmura Oliver, atterré. Je crois que tu as raison : c'est Cassandra Flown !

À la base du praticable, une main méticuleuse avait tracé en rouge vermeil les cinq lettres du mot SOKAR. Sokar, le maître du royaume des morts...

Cette découverte macabre connut dans l'heure qui suivit un retentissement considérable. Si l'affaire du crocodile – qu'était-il devenu, au fait, celui-là ? – avait un temps défrayé la chronique, et le noyé en appartement, occupé quelques jours la une des médias, la nouvelle qu'une star aussi célèbre que Cassandra Flown avait été trouvée embaumée, en plein Grand Palais, tétanisa littéralement l'opinion publique mondiale. Subodorant des prolongements alléchants, les principaux organes de presse internationaux déléguèrent leurs meilleurs chroniqueurs dans la capitale française, promue pour l'occasion « Cité de tous les mystères ». À peine arrivés sur place, ceux-ci prirent connaissance des dernières conclusions de la police et s'empressèrent d'établir au grand jour l'étrange relation unissant les trois affaires. De Sebek à Sokar en passant par Nephtys, le fil rouge s'affirmait assez ténu pour broder valablement un terme générique adéquat sur canevas de terreur. On s'arrêta un temps sur celui de « Jeu de piste sanglant » avant d'opter définitivement pour « Parcours égyptien ».

LA BÊTE

Mardi 20 août

– Phalène ! Oh ! Phalène ! Réveille-toi, mon vieux, on est arrivés !

Paupières closes, l'inspecteur paraissait sommeiller. En fait, il recensait mentalement les diverses péripéties de ce qu'il était convenu d'appeler désormais le Parcours égyptien. Il secoua la tête comme pour se libérer de ses hantises et leva les yeux sur l'intrus. C'était son collègue, Charmat.

– Quoi ? fit Phalène, résigné au pire. Encore une victime ?

– Tu brûles, mon vieux ! plaisanta Charmat. Mon premier est l'assassin, mon second, l'arme du crime...

Phalène se redressa brusquement.

– Qu'est-ce que tu racontes ?

– ... Et mon tout s'appelle un crocodile ! On vient de le retrouver dans le canal de l'Ourcq. J'ai contacté le professeur Désenchalles. Une chance qu'il ne soit pas en vacances, celui-là... Il te rejoindra là-bas.

– Qui est chargé du quartier ?

– Le commissaire Lecycleux. Il est déjà sur place.

– Bon. Je fonce.

C'était la fameuse écluse mécanique jadis popularisée par le film *Les portes de la nuit*. Autre saison, autre style : à la pittoresque grisaille des petits matins désenchantés répondait aujourd'hui la chaude ambiance des piazzas napolitaines. Simple question d'éclairage, sans doute, mais le soleil, en cette matière, sans aller jusqu'à prétendre qu'il en connaissait un rayon, ne constituait assurément pas le plus indigne des projecteurs. Plus ardent que jamais, il dispensait en ce début d'après-midi une canicule davantage incitatrice à la sieste qu'aux idées noires.

Les riverains du quai de Marne avaient pourtant résolu de faire l'impasse sur ce rituel paresseux, car ils s'agglutinaient en nombre aux abords du canal. Tout aussi curieux, mais beaucoup plus prudents, d'autres avaient préféré rester à leurs fenêtres afin d'embrasser la globalité d'un spectacle qui, à en croire l'imposant effectif policier, n'existait que dans leur imagination.

Le spectacle, à proprement parler, était à la fois triste et impressionnant. La bête flottait sans vie, le ventre affleurant la surface de l'eau, devant les lourdes vannes de l'écluse.

– Bon, remarqua Phalène, l'assassin n'a pas failli à la tradition : il s'est débarrassé de l'arme du crime en la jetant dans le canal...

– C'est un sujet énorme, constata Désenchalles. Vraisemblablement un mutant, comme je le supposais... Je n'ai jamais vu un hydrosaurien de cette taille. Il faudrait le remonter.

Ses désirs étaient des ordres. Deux embarcations pleines de policiers munis de perches approchaient de la dépouille.

– Je vous en supplie, ne me l'abîmez pas ! leur cria le zoologiste.

Prenant malicieusement son entourage à témoin, il ajouta :

– Ils n'ont pas l'air très rassurés !

– Je me mets à leur place, grinça Phalène. Ce n'est pas tous les jours qu'on pêche un crocodile de six mètres de long en plein Paris !

– Non, certes, mais pour l'heure, il n'y a rien à redouter. Il est mort, je vous l'assure.

Le commissaire Lecycleux avait la silhouette étirée d'un poireau hirsute. Il se frotta le menton déjà râpeux d'une nouvelle barbe et laissa tomber d'une voix nonchalante :

– C'est dommage, dans un sens...

– Oh ! Vous savez, de toute façon, il n'aurait pas parlé, observa Désenchalles.

– À sa manière, peut-être... Qui sait ? insinua Phalène. Un animal apprivoisé, et celui-là l'était manifestement, aurait pu nous conduire à son maître...

– Inspecteur... Un hydrosaurien n'est pas un loulou de Poméranie ! Et puis, croyez-moi, la capture de ce spécimen n'aurait pas été une partie de plaisir... même avec des balles anesthésiantes. Il a la peau dure, l'animal... un véritable blindage ! Personnellement, j'adore les crocodiles au point d'avoir consacré ma vie à leur étude, mais j'avoue préférer voir cette erreur de la nature définitivement réduite à l'impuissance ; Dieu sait combien de victimes il aurait encore faites ! Ah ! Le voilà à quai. Non ! Non ! messieurs... Posez-le sur le dos ; doucement, s'il vous plaît !

Il se retourna et s'enquit à la cantonade :

– Le fourgon du Muséum est prêt ?

– Il arrive, professeur, confirma un agent équipé d'un talkie-walkie.

Désenchalles ouvrit sa mallette et en sortit un stéthoscope.

– Bien, dit-il. Voyons ce que nous pouvons tirer d'un examen préliminaire.

Sous l'œil intéressé des policiers, il s'accroupit devant le monstrueux poitrail et se mit en devoir d'en palper les écailles ruisselantes.

– Rien de suspect à première vue, déclara-t-il en se relevant. Il me paraît mort de mort naturelle...

– Ne nous dites pas qu'il s'est noyé ! s'insurgea Phalène.

Le zoologiste fronça les sourcils et poursuivit d'un ton doctoral :

– Vous seriez surpris, messieurs, de la fragilité de cette espèce... et à plus forte raison, sans doute, de ce représentant en particulier. Elle se caractérise notamment par une extrême sensibilité aux variations climatiques ainsi qu'aux changements de milieux trop brusques...

– Pauvre petite bête ! persifla Lecycleux en défiant le regard noir du savant.

– ... Je diagnostique pour ma part, jusqu'à plus ample informé, une réaction allergique ayant entraîné le décès. Le transfert depuis son pays d'origine n'est peut-être pas seul en cause, mais vous conviendrez avec moi que du strict point de vue écologique, les eaux du canal de l'Ourcq n'évoquent que très médiocrement celles du Nil bleu !

« Le Nil bleu... » rêvassa Phalène en attrapant ces derniers mots au vol. « Se pouvait-il que l'eau dans laquelle avait mariné Quimp ait fait double emploi ? »

– ... Enfin, conclut-il en tournant les talons, l'essentiel est que le monstre soit hors d'état de nuire.

– Oh ! Inspecteur... le héla Désenchalles.

– Oui ?

– Je n'ai pas besoin de vous dire que le spécimen ici présent est des plus rares, et constitue de ce fait une occasion inespérée pour la science zoologique...

– Pardonnez-moi, professeur, mais je suis pressé.

Le savant comprit à demi-mot. Il remisa son laïus théorique et alla droit au but.

– ... J'espère que l'administration judiciaire comprendra cet intérêt et ne fera pas obstacle à ce que le Muséum d'histoire naturelle conserve l'animal par-devers lui... après l'autopsie.

Phalène eut un sourire compréhensif.

– En règle générale, c'est le musée de la Police qui hérite des pièces à conviction – surtout les plus insolites –, mais en l'occurrence, je ne pense pas qu'il vous contestera un droit de « paternité ». Pour être couvert, adressez toujours au préfet une demande en trois exemplaires... En attendant, régalez-vous !

Lorsque Phalène revint à la P.J., il découvrit une atmosphère étrange. De toutes parts, on le regardait avec une sorte de crainte respectueuse. Il eut une moue affranchie à l'idée qu'il y avait du canular dans l'air ; ses collègues étaient coutumiers du fait. S'il avait eu besoin d'une confirmation, le carton qui l'attendait sur le chariot de sa machine à écrire la lui aurait apportée. Il ne stipulait rien de moins qu'une invitation nominative en bonne et due forme du président de la République, pour dix-sept heures, le jour même. Désabusé, il leva les yeux au ciel et balança la tête de gauche à droite. Les ficelles, cette fois, étaient un peu grosses...

Charmat parut sur ces entrefaites dans l'entrebâillement de la porte. Il tenait à la main une enveloppe décachetée.

– Tu es disponible... avant ton rendez-vous ?

– C'est tout ce que vous avez trouvé ? riposta Phalène en montrant le carton.

Charmat planta son regard dans le sien. Il était d'un sérieux pontifical.

– Si tu t'imagines qu'on a envie de faire des blagues en ce moment... Non, non, mon petit vieux ; un motard de la Présidence l'a remis tout à l'heure au directeur. L'Élysée requiert ta présence sans délai !

– Admettons, soupira Phalène. Tu avais quelque chose à me dire ?

– Oui, le rapport d'autopsie de Quimp est enfin arrivé.

– Pas trop tôt. Du nouveau ?

– Rien de particulier. Mort par immersion prolongée ; par noyade, quoi... Et c'était bien de l'eau du Nil. À part ça, les collègues de l'Identité n'ont relevé que deux jeux d'empreintes dans l'appartement.

– Mouais, rumina l'inspecteur ; celles de Quimp et de son exquise gouvernante. Rien que de très normal, l'assassin a dû opérer avec des gants...

– Tu disais ?

À ce moment, la pendule à volets du bureau marqua 16 h 30.

– Je réfléchissais à voix haute. Bon, il est temps que je file. Inutile de faire attendre ces messieurs.

Il se précipita au dehors pour rencontrer une double haie de policiers goguenards.

– Oh ! Phalène !... hurla Charmat à travers le couloir.

– Quoi ? demanda l'interpellé sans se retourner.

– ... Si Monestier te désigne comme successeur, je vote pour toi aux présidentielles de 2002 !

Phalène sanctionna le rire grasseyant d'un haussement d'épaules avant de s'élancer dans l'escalier.

LE SANCTUAIRE NATIONAL

Phalène comprit dès son arrivée dans la cour de l'Élysée que l'invitation dont il était l'objet ne relevait pas du canular. C'est peu dire qu'on guettait sa venue ! Aussitôt son identité déclinée et vérifiée par les huissiers, il fut introduit dans le cabinet de travail de Philippe Monestier, président de la République en exercice.

La barbe bien taillée du chef de l'État s'éclaira d'un sourire cordial.

– Bonsoir, inspecteur. Asseyez-vous.
– Bonsoir, monsieur le président.
– Vous vous souvenez sans doute de mon médecin personnel, le docteur René Gaboriau...

Phalène tourna la tête et adressa, en guise de salut, un hochement de menton entendu et courtois au personnage massif qui se tenait debout près de la bibliothèque. Ce dernier, désormais parfaitement à l'aise dans son rôle d'éminence grise, lui renvoya un signe discret de la main avant d'affecter un intérêt subit pour les volumes reliés de maroquin.

– ... Bien sûr. Comment oublier les circonstances dramatiques dans lesquelles...
– ... C'était en septembre dernier, n'est-ce pas ? se rappela Monestier.
– En septembre dernier, oui, répondit en écho l'inspecteur. Notre rencontre eut lieu chez mon voisin du dessus, le capitaine Harmmakis Nox.
– Il va bien ? s'enquit aussitôt le président, comme s'il avait attendu que ce nom fût prononcé pour s'emparer du sujet.

Phalène arqua le sourcil. La spontanéité de cet élan du cœur ne fit que confirmer dans son esprit ce que son flair de policier lui avait laissé subodorer, une fois balayés les derniers doutes qu'il pouvait entretenir quant à la possibilité d'une plaisanterie.

– Je l'ignore, monsieur le président. Nox... enfin, le capitaine, s'est escamoté sans retour voici près d'un an, suite à la conclusion de l'affaire dite de l'Œil de Mars.

– Vous entreteniez pourtant des relations privilégiées...

– J'oserais dire presque fraternelles. L'admiration que je lui porte n'a d'égale que mon affection.

– Le fait que vous en parliez encore au présent témoigne de votre attachement, ce qui, personnellement, me réjouirait plutôt...

– J'ajouterai, si vous le permettez, qu'à titre purement professionnel, je le considère comme le détective le plus perspicace que j'aie jamais rencontré.

Monestier poussa un long soupir annonciateur de l'aveu attendu.

– Votre ami nous serait diablement utile par les temps qui courent...

– Quant à cela, concéda le visiteur, sa présence parmi nous serait loin d'être un handicap.

– Inspecteur, nous sommes ici, tous les trois, ce qu'en termes triviaux on pourrait appeler « de vieilles connaissances ». Je serai donc franc avec vous. Le gouvernement formé sur mes instances n'a que quinze mois d'existence, et déjà l'opposition nous harcèle. Certes, elle ne peut le faire à la Chambre en raison de la vacance parlementaire, mais elle se rattrape avec la presse. Il n'est pas jusqu'aux journaux qui nous sont habituellement favorables pour stigmatiser notre prétendue inertie. C'est vous dire ! Comme si cela ne suffisait pas, l'opinion publique commence à s'émouvoir au-delà même de nos frontières ; surtout après la mort de cette actrice...

– ... Cassandra Flown.

– C'est ça. Inutile de vous le cacher : nous sommes on ne peut plus préoccupés par les conséquences de ces meurtres baroques. Une solution rapide s'impose donc, car si un tel état de choses devait perdurer ou a fortiori s'aggraver, notre crédibilité en matière de sécurité publique se verrait réduite à sa plus simple expression. C'est vous, je crois, qui centralisez les dossiers relatifs à cette extravagante trilogie meurtrière. À ce point de l'enquête, où en êtes-vous exactement ?

– Pas très loin, hélas ! À la P.J. aussi, nous sommes harcelés, mais par un assassin infatigable et imprévisible !

– Palanquot qui assure la suppléance à l'Intérieur a suggéré au préfet le rappel de tous vos collègues actuellement en congé. Que pensez-vous d'une telle initiative ?

– Pas le plus grand bien ! Cela ne ferait qu'accréditer notre désarroi face au criminel. Sans vouloir remettre en cause la compétence de mes collègues ni celle de mon supérieur direct, le divisionnaire Frusquint, je ne crois pas que ce soit par une multiplication de nos effectifs que nous ayons une chance de venir à bout du problème. Un seul homme, à mon humble avis, suffirait amplement...

– À condition qu'il s'appelle Harmmakis Nox ?

– Oui. Malheureusement, ainsi que je vous le disais...

– Sa réapparition n'est tout de même pas à écarter absolument !

L'inspecteur eut une moue dubitative.

– Ce n'est pas mon sentiment. Songez à la tentation qu'eût représenté pour un limier de cette envergure de se colleter aux arcanes du Parcours égyptien ! Non, s'il n'est pas déjà intervenu, je ne vois que deux hypothèses : ou bien il est à l'autre bout du monde, hors de l'atteinte tapageuse des médias, ou bien...

Phalène, le visage grave, laissa sa phrase en suspens.

– ... Ou bien, il est mort !

– Alternative éminemment invraisemblable ! réagit d'emblée le chef de l'État.

Le visiteur, à ce stade de l'entretien, ne put se départir de l'impression étrange que son illustre interlocuteur affirmait la chose plus qu'il n'en formulait l'espoir.

– Ne pourriez-vous dénicher sa retraite ? intervint vigoureusement Gaboriau. Vous êtes policier, que diable !

– Policier, mais pas magicien, docteur, non plus que nourrice sèche du capitaine. Nox est majeur, vacciné, et libre d'aller où il l'entend sans avoir à m'en faire part.

– Enfin, Phalène, c'est le président qui vous le demande ; faites un effort... Renouez le contact !

Le malheureux inspecteur commençait à être las de ce feu roulant de mises en demeure. Perdant de vue le haut rang des personnalités auxquelles il donnait la réplique, il céda à son tour à la nervosité.

– Je déplore son absence autant que vous, messieurs, mais je ne peux tout de même pas l'inventer ! Si vous croyez qu'il suffit de claquer des doigts pour le faire jaillir comme un génie hors de sa lampe...

– ... Comme un génie, c'est cela ! s'enflamma Gaboriau en sautant sur le mot à pieds joints.

Monestier eut un geste apaisant.

– Restons calmes, mon cher René. L'inspecteur ne fait pas montre de mauvaise volonté ; il est fatigué, voilà tout. Son enquête l'accapare vingt-quatre heures sur vingt-quatre... Se retournant vers Phalène :

– Voilà ce que nous allons faire, mon ami : demander au préfet de rappeler le commissaire Frusquint et quelques-uns de ses meilleurs éléments afin qu'ils prennent partiellement votre relais. Il est grand temps pour vous de récupérer...

Qu'en termes diplomatiques ces choses étaient dites ! Phalène demeura silencieux, mais son visage crispé reflétait de façon éloquente la blessure infligée à son amour-propre. Monestier s'avisa de cette réaction, et il eut à cœur d'en atténuer aussitôt la cause.

– Ne vous méprenez pas inspecteur ; il n'est pas question de vous évincer d'une enquête sur la conduite de laquelle vous n'avez aucunement démérité. Nous nous intéressons à votre santé, voilà tout. Il ne s'agit en somme que de vous décharger de tâches subalternes, ce qui vous permettra de poursuivre vos investigations l'esprit libre et dégagé. Vous bénéficierez, disons… de journées écourtées ; une sorte de travail à mi-temps… intégralement rétribué, il va sans dire.

– Voilà ! abonda le docteur avec une ferveur quasi maternelle. Pour la semaine qui vient, rentrez chez vous plus tôt et, nous vous en prions, consacrez sans arrière-pensée ce surplus de loisir au repos… et au sommeil !

« Étrange conseil en forme d'ordonnance, songea Phalène. Pas entièrement déplacé, sans doute, dans la bouche d'un médecin, mais tout de même, que de sollicitude, que de ménagements à mon égard ! Enfin, s'ils s'imaginent que par une bizarre relation de cause à effet mon effacement momentané est de nature à faire revenir le capitaine… »

– … Bien entendu, spécula Monestier, à supposer que votre ami daigne réapparaître, transmettez-lui sans attendre un double du dossier et toutes les pièces afférentes. Tenez-le, en outre, régulièrement informé des développements éventuels concernant ces malencontreuses affaires.

– Dois-je comprendre, monsieur le président, que vous mandatez officiellement le capitaine Nox – dans l'hypothèse d'un retour inopiné de celui-ci – pour s'occuper du Parcours égyptien ?

– Officiellement, non. Mais je ne l'en couvrirais pas moins personnellement auprès des autorités judiciaires si jamais celles-ci venaient à prendre ombrage de ses recherches parallèles...

– J'en prends bonne note, monsieur. Vous pouvez compter sur moi.

– ... Et sur votre discrétion ?

– Et sur ma discrétion.

– ... Brave inspecteur Phalène ! s'attendrit Monestier, une fois l'intéressé sorti.

– Il n'a pas changé, approuva Gaboriau. Toujours aussi inconscient de ses propres pouvoirs ! Il ignore manifestement détenir par-devers lui le privilège inouï de ressusciter le grand détective...

Le chef de l'État s'esclaffa.

– Finalement, nous ne sommes que trois à connaître le secret... Qui d'autre pourrait se douter que l'inspecteur Phalène et le capitaine Nox sont en réalité une seule et même personne ?

ALEXIS GRANDVILLE

Vendredi 23 août

Relégué aux confins de la rue de Varenne, l'hôtel particulier des Grandville constituait la résidence principale de Cassandra Flown depuis que celle-ci avait épousé l'héritier du nom.

Phalène obliqua sous l'imposte à vitesse réduite et vint garer sa voiture de fonction au côté de la Lamborghini décapotée qui stationnait devant le perron. Le pavement irrégulier de la cour intérieure était ceinturé par le triple étage d'un bâtiment en fer à cheval dont les ailes rejoignaient de chaque côté du porche les communs bordant la rue. Sous la parure baroque de son style dix-huitième somptueusement rénové, la demeure aurait symbolisé pour beaucoup ce qu'il était convenu d'appeler la réussite sociale. Magnétophone en bandoulière, Phalène escalada prestement la volée de marches et carillonna par deux fois à l'entrée. N'obtenant aucune réponse, il réitéra son geste au bout de quelques minutes, puis recommença. Il pointait de nouveau un index impatient sur le bouton de la sonnette, quand la porte, enfin, s'entrebâilla.

– Pardonnez-moi de vous avoir fait attendre, dit l'homme, mais j'étais occupé dans mon atelier (il indiqua distraitement le soubassement de l'aile opposée), et comme ma domesticité est en vacances...

La première chose qui frappait chez Alexis Grandville était ce sourire mélancolique. Cette mélancolie n'avait certes rien de déplacé en l'occurrence, mais, circonstancielle ou non, elle s'accordait avec l'impression globale de résignation qui se dégageait de la physionomie, et trahissait à n'en pas douter la nature profonde du personnage.

Résignation, toutefois, ne signifie pas forcément mollesse, et il n'était pas nécessaire de jouir du don de double vue pour déceler sous le masque de fatalisme une affirmation passionnée d'être et de combattre. Phalène ne fut pas insensible à ces ondes de volonté. Il pensa : « Dans son atelier... Probablement le genre d'homme qui préfère dissoudre son chagrin dans le travail plutôt que dans l'alcool... Pas un travail salissant, en tout cas ; ses mains ne sont pas celles d'un garagiste ! »

— C'est à moi de m'excuser, monsieur Grandville ; je n'avais pas fixé une heure précise.

Le maître de maison s'écarta dans un large mouvement d'accueil.

— Donnez-vous la peine d'entrer.

Ils traversèrent en diagonale un spacieux vestibule de forme ovale sur le damier duquel prenait naissance un escalier tournant à rampe de ferronnerie. L'échiquier interrompait son alternance de cases noires et blanches devant la double entrée largement déployée d'un salon qui rehaussait ses lambris d'un mobilier précieux où dominait le style Régence. Phalène pressentit que la demeure entière se conformait à cette image : l'environnement feutré d'un esthète dont le goût raffiné ignorait l'obstacle de l'argent.

— Désirez-vous boire quelque chose, commissaire ?

— ... Inspecteur, corrigea modestement le policier. Non je vous remercie.

— C'est la sagesse même. Je ne bois pas non plus.

Un silence tomba que Phalène mit à profit pour dresser mentalement une fiche signalétique. Déformation professionnelle, sans doute, mais aussi intérêt des plus vifs pour l'interlocuteur.

Grandville pouvait mesurer un mètre quatre-vingts. Mince, flexible, mais bâti en force. En dépit de sa gravité, le visage était avenant, ridé aux bons endroits. Les yeux avaient la froideur limpide d'un lac nordique, et le nez, à la droiture insensiblement arquée, surplombait une bouche sensuelle, quoique modérément charnue. La chevelure, manifestement entretenue par un grand coiffeur, couvrait harmonieusement le dessus du crâne et cascadait par boucles mi-longues des tempes à la nuque. Cette houle savamment indisciplinée n'aurait pu fournir aucune indication probante sur l'âge de son propriétaire, car la blondeur de paille parvenait à dissimuler le pourcentage, conséquent ou non, de cheveux blancs. Seul indice d'un probable dépassement de la quarantaine : l'arc à peine esquissé d'un double menton ; mais il fallait vraiment avoir l'œil exercé d'un policier ou d'une esthéticienne pour distinguer cette amorce d'affaissement.

Le costume, lui, était peut-être une tenue de travail, mais il ne rappelait que de très loin le bleu des manutentionnaires ! Veste de blazer marine frappée sous la pochette d'un blason doré, chemise claire et unie dont le col Kennedy s'ouvrait sur un épais foulard de mousseline bordeaux. Les jambes du pantalon de flanelle gris souris présentaient sur le devant deux plis aiguisés comme des lames qui descendaient s'écraser avec pertinence sur une paire de mocassins marron. L'inspecteur nota, non sans amusement, que le lustrage du cuir était si prononcé qu'il renvoyait le reflet des fenêtres comme dans les mauvais dessins humoristiques.

L'ensemble, bien entendu, correspondait aux exactes mesures du maître des lieux et transposait dans la réalité un cliché publicitaire qui avait la vie dure : « Une rare élégance vestimentaire au service d'un physique de séducteur »... Et de fait, fallait-il en être un pour avoir réussi à captiver la sublime Cassandra Flown, elle-même réputée pour sa grâce et sa beauté ! Le visage de Phalène s'assombrit à l'évocation de cette grâce, de cette beauté, désormais figées dans l'éternité d'un embaumement criminel.

— Monsieur Grandville, laissez-moi vous dire tout d'abord à quel point je suis désolé de vous déranger en un pareil moment...

— Vous faites votre métier, inspecteur. Si je puis vous aider...

Sous la mélancolie, la voix était nette, un brin distante ; le phrasé égal, volontiers enjôleur. Outre ses indéniables atouts physiques, l'homme possédait décidément toutes les qualités propres à catapulter n'importe quel individu pouvant s'en prévaloir au firmament des stars. Ici, pourtant, la star n'était pas Grandville ; elle brillait par son absence, une absence pour cause de décès. Cassandra Flown avait connu la célébrité, la gloire, même, et le mari, aussi brillant qu'il fût, avait dû se contenter de vivre dans l'ombre de son épouse. Dans quelle mesure avait-il pu en être affecté ? La question s'imposait, diablement tentatrice, mais elle eût ressorti de l'indiscrétion pure, et Phalène s'interdit en conséquence de la poser. Il s'autorisa toutefois une moindre audace en demandant pour la forme :

— Me permettez-vous d'associer mon magnétophone à la conversation ? Cet appareil remplace avantageusement l'ancien bloc-notes des policiers...

Grandville acquiesça d'un geste débonnaire.

— Commençons par la question rituelle : à votre connaissance, votre femme avait-elle des ennemis ?

— Bah ! Je le suppose. On n'atteint pas un tel niveau de notoriété sans susciter des rancœurs professionnelles, des jalousies de studio. De là à aller jusqu'au meurtre...

— Justement, le côté spectaculaire de ces... de cet assassinat pourrait être révélateur d'une personnalité évoluant dans le milieu cinématographique. Un décorateur ou un accessoiriste congédié, un réalisateur évincé, que sais-je... un partenaire éconduit ?...

– C'est possible, mais franchement, je ne vois personne susceptible d'avoir franchi le cap de l'intention. Le monde du spectacle, c'est vrai, génère souvent des haines mortelles, mais celles-ci ne dépassent que très rarement le cadre verbal. Si vous voulez mon avis, l'assassin est un fou, qu'il supprime ses victimes avec un crocodile ou une piscine portative ! Pour une fois, je me range à l'opinion des journalistes.

– Vous-même, quel était l'état de vos relations avec votre épouse ?

Grandville jeta sur son questionneur un regard oblique.

– Je parlerais plutôt d'absence de relations, tant nous vivions séparés au sens matrimonial et géographique du terme ! Cassandra tournait sans arrêt, ici ou là. Un jour à Hollywood, le lendemain à Cinecitta...

– La presse s'est tout de même fait l'écho d'un possible divorce. Faut-il ne voir là qu'une rumeur infondée ?

– Non. Un divorce de raison n'était pas à exclure ; mais je vous ferais observer que cet ultime recours ne se conçoit généralement qu'en fonction d'une grave mésentente, prétexte que l'irrégularité même de notre vie de couple rendait caduc ; nous nous voyions si rarement... Toujours entre deux avions.

– On a cependant parlé récemment d'une dispute publique entre vous, à l'occasion d'un dîner. C'était, je crois, lors du dernier Festival de Cannes...

– Je vois ce à quoi vous faites allusion. Un incident démesurément grossi par la presse spécialisée. Rien à voir, de toute façon, contrairement à ce qui a été dit, avec une mesquine scène de jalousie... encore qu'il fût notoire que Cassandra fréquentât ouvertement hors des studios son partenaire attitré, Ashley Butler. Beau joueur, quoique très épris d'elle à cette époque, je me déclarai tout prêt à lui rendre sa liberté, mais cette liaison, de son aveu même, se rompit aussi vite qu'elle s'était nouée. La passion, inspecteur, résiste mal à la conjugalité, légitime ou illégitime. Le divorce, dès lors, était devenu sans objet.

— Cette fameuse dispute, sur quoi portait-elle ?

— Pour autant que je me souvienne, un point de controverse d'ordre philosophique. Il n'y avait vraiment pas de quoi fouetter...

— Des divergences politiques ?

— Pas du tout. Il y avait belle lurette que Cassandra ne militait plus pour les mouvements émancipateurs ! Quant à moi, j'avoue n'avoir jamais été follement intéressé par ces sujets. Non, il s'agissait d'une de ses dernières lubies en date, religieuse, celle-là. Le monde connaît actuellement une recrudescence pléthorique de tous les mythes frelatés des années 70. Locomotive consacrée de la jet-set internationale, elle ne pouvait décemment faillir à cette « nouvelle » mode ! Je lui ai simplement fait valoir – avec un peu trop de véhémence, sans doute – qu'elle se fourvoyait à corps perdu dans un tissu d'impostures. Son tempérament de feu a fait le reste, et les journalistes présents se sont régalés. Voilà pour la dispute !

Phalène prit une large inspiration.

— Pourrais-je visiter la chambre de votre épouse ?

— Rien de plus simple. Son domaine s'étendait à la totalité du deuxième étage. C'est par là. Je vous en prie...

La chambre à coucher de l'actrice n'aurait pas déçu ses innombrables admirateurs. Elle rappelait le luxe tapageur dont aimaient s'entourer les stars hollywoodiennes des années 40. Satins et capitons à outrance sur la moindre pièce de mobilier ; vaste lit rond, oreillers en forme de cœur. Sur la coiffeuse, un haut miroir rectangulaire entouré d'ampoules évoquait la loge de théâtre. À en juger par la mine de Grandville, ce décor tape-à-l'œil ne répondait pas trop à sa sensibilité.

– Vous étiez mariés depuis longtemps ?

– Trois ans. J'avais rencontré Cassandra au Caire, sur le tournage de *The Egyptian Queen*.

– ... Une superproduction antique, se souvint Phalène. Elle y a obtenu, si ma mémoire est bonne, l'Oscar de la meilleure actrice pour son interprétation de la reine Hatchepsout.

– C'est exact. Cassandra a d'ailleurs repris ce rôle naguère, au Grand Palais, et cela à titre définitif !

Le sang de l'inspecteur se glaça dans ses veines. Cette réflexion incongrue était-elle frappée au coin du cynisme, ou consistait-elle en un de ces traits d'humour noir qu'on se laisse parfois aller à lancer afin de masquer une insondable détresse ?

– Vous faisiez partie de l'équipe du film ?

– Pas vraiment. Je me trouvais là presque par hasard. Mon père avait signé un contrat de conseiller artistique avec la production. C'est une autorité reconnue en matière d'art antique. Disons que ma propre contribution se bornait à le remplacer lorsque ses affaires l'appelaient ailleurs ; mes connaissances personnelles me permettaient d'assurer l'intérim. Bref une période heureuse à tous égards : je me suis bien amusé tout en étant largement rétribué... Sans oublier ma rencontre avec une femme exceptionnelle !

Phalène s'approcha de la grosse bonbonnière à volants qui servait de table de nuit.

– À quoi sert cette vidéo près du téléphone ?

– C'est un circuit intérieur communiquant avec mon atelier – il m'arrive fréquemment d'y dormir. Quand Cassandra rentrait de voyage à l'improviste elle me prévenait de son retour par ce moyen.

L'inspecteur continuait à fureter.

– ... Et cette petite pièce vide, là ?

– Ah ! Ça... elle l'appelait sa... chambre de prières (sourire entendu). Pas de fenêtre ; une obscurité quasi totale, et interdiction à quiconque d'y pénétrer...

– Même à vous ? demanda Phalène en pressant le commutateur.

– Même à moi.

– L'éclairage est faible, en effet, mais on distingue une trace nettement dessinée au centre, sur la moquette. Qu'y avait-il à cet endroit ? On peut imaginer un socle pesant...

– ... Supportant quelque idole diabolique ? ironisa Grandville.

– Qu'y avait-il dans cette pièce ? insista le policier.

– Je n'en sais fichtre rien ! Je vous répète que personne n'avait accès à ce réduit.

– Mais on a enlevé l'élément en question il n'y a pas longtemps ; l'absence de poussière est éloquente...

– Cassandra était d'un naturel capricieux. Il est possible qu'elle ait voulu se débarrasser de cette... chose et qu'elle ait organisé un mini-déménagement pendant un de mes propres déplacements. Il m'arrive à moi aussi de voyager... Mes occupations comportent d'inévitables prolongements commerciaux.

Phalène s'empressa de saisir au vol la perche que lui tendait son hôte.

– Ces occupations, quelle en est au juste la nature ?

– Eh bien, disons que je... bricole de mon côté. La sculpture, la mécanique... Je m'intéresse à un tas de choses.

– Vous menez un train de vie plus que confortable, monsieur Grandville. Vos revenus sont-ils assez lucratifs pour en assumer les charges ?

Le policier se mordilla les lèvres de son audace.

Cette fois, Grandville s'esclaffa sans retenue.

– Tel que vous conduisez cet interrogatoire, vous allez bientôt m'accuser sinon du meurtre de ma femme, du moins d'avoir vécu à ses crochets !

L'inspecteur éleva la main pour protester.

– Oh ! Mais pas du tout. Ce n'est pas…

– Ne vous excusez pas. Votre ignorance est bien compréhensible. Voyez-vous, non seulement la fortune des Grandville est immense – et Cassandra, soit dit en passant, en a largement profité –, mais je puis avancer sans forfanterie que je suis un artiste reconnu, et de plus fort coté sur le plan international.

– Puisque nous parlons de votre art, verriez-vous un inconvénient à me faire les honneurs de votre atelier ?

– Nullement. Je serais au contraire enchanté de vous servir de guide.

Ils descendirent au sous-sol.

L'ARTISTE

Phalène poussa un long sifflement admiratif.

– Ma foi, monsieur Grandville, il faudrait être fou pour prétendre qu'on entre dans votre atelier comme dans un moulin !

La lourde porte circulaire rappelait en effet par son blindage renforcé, ses gonds massifs et son tabulateur d'accès, celle des chambres fortes de banque. Elle était surmontée d'un couple de récepteurs-vidéo qui retransmettaient par un lent balayage panoramique des images en noir et blanc de l'intérieur.

– Ce dispositif ne protège pas que mon atelier, précisa le guide en attirant à lui le vantail d'acier. Mon père collectionne les œuvres d'art. La première salle lui sert d'entrepôt. Il y tient aussi son bureau.

– Au fait, il habite avec vous ?

– Oui, mais dans l'autre aile du bâtiment. Chacun son territoire... Cassandra nourrissait pour lui la plus vive affection, mais elle n'aurait pas apprécié une promiscuité plus étroite. Mon père... rêvassa Grandville. Il reste ma seule famille, désormais...

– Il est ici, en ce moment ?

– Non. Le vieil homme déborde d'activités... Il séjourne actuellement en Roumanie. Vous n'avez pas idée à quel point le marché de l'art s'est ouvert dans les pays de l'Est, ces dernières années...

– Nous entrons ?

– Après vous.

C'était une vaste salle, très haute, très profonde, bruissante d'un grésillement perpétuel de néons, et envahie du sol au plafond par un indescriptible capharnaüm. Une moderne caverne d'Ali Baba, à l'intérieur de laquelle un amoncellement de trésors artistiques embrassant les périodes les plus fastueuses du règne humain paraissaient s'être donné un étrange rendez-vous.

Il y avait les peintures, toiles ou retables, placardés le long des parois ; on y reconnaissait, sans que le déchiffrement des signatures s'avérât nécessaire, des Dürer, des Rembrandt, des Goya, des Van Gogh, des Picasso... Il y avait les dessins, gravures et eaux-fortes, amoureusement rangés à plat sur des rayonnages vitrés.

Il y avait des objets précieux, décors et costumes, accessoires et emblèmes d'époques révolues et d'origines multiples. Ici, le mobilier gothique cohabitait avec le bas-relief crétois, l'échiquier turkmène avec le portulan sassanide, et l'aigle d'or romaine avec le lion ailé vénitien. Là, l'armure-scarabée d'un samouraï voisinait avec la parure sacrificielle de l'Inca, le masque swahili répondait au crâne d'obsidienne, et le buste d'un roi assyrien lorgnait d'un œil avide le défilé de jade d'une pléiade de bouddhas ricanants.

Il y avait des amphores phéniciennes, des cratères macédoniens, des calices byzantins, vaisselles hors de prix paradant sur fond de tapisseries, ou emportées dans le tourbillon bigarré d'étendards et d'oriflammes. Hétéroclite était le mot qui s'imposait. L'ordre d'entrée en scène de ces acquisitions inestimables ne se riait-il pas de la chronologie convenue par la grâce toute-puissante du caprice et de la prodigalité ?

Le regard sollicité de toutes parts, Phalène s'attarda un moment dans la contemplation de ce bazar aux merveilles.

– ... Une partie de la collection Grandville, commenta le maître des lieux qui ajouta, recueilli et un brin sentencieux : sur le chemin du labeur quotidien, le passage obligé devant cet étalage de splendeurs m'est devenu un indispensable stimulant. Venez-vous, inspecteur ?

Avant d'obtempérer, l'interpellé désigna un confortable box vitré qui occupait le fond de la salle en sa partie gauche.

– Le bureau de votre père, je présume...
– Exact. Il y range ses dossiers et y passe ses commandes.

L'hôte, sur ce renseignement laconique, relança d'un geste son invitation.

Légèrement en retrait de l'office, le mur était percé en son milieu d'un étroit couloir qui évoquait, par sa découpe et la rectitude de sa perspective, une coursive de sous-marin. Ils s'engagèrent dans ce boyau et débouchèrent peu après dans un autre espace clos, immense lui aussi, et non moins pourvu que le précédent. Ici, pourtant, l'harmonie des formes et l'unité de matière frappait plus que la diversité.

– Mon atelier, déclara sobrement Grandville.
– Oui... approuva béatement Phalène qui allait d'éblouissement en éblouissement. Je reconnais l'image entrevue sur le récepteur de l'entrée... mais il faut convenir que la réalité est autrement spectaculaire !

Soudain, comme il achevait cette phrase, une idée angoissante lui traversa l'esprit. Il imagina quelqu'un, à l'extérieur, épiant leurs évolutions sur les écrans, et éprouvant brusquement, irrésistiblement, le désir pervers et meurtrier de les enfermer... Si l'assassin était un fou, obsédé par les rites de mort de l'ancienne Égypte, la pratique terrifiante, courante alors, de l'emmurement n'avait pu lui échapper... Tandis qu'il progressait sur l'allée centrale à la remorque de son cicérone, le vertige de l'écrasement succéda bientôt à cette hantise éphémère. Foulant le sol râpeux de cette voie royale, il venait ni plus ni moins que de pénétrer le domaine enchanté des dieux et des héros. Car c'était peu de dire que l'œuvre de Grandville se signalait par son caractère colossal. De part et d'autre du chemin, une double haie de statues disproportionnées formait l'impressionnante lisière d'une forêt plantée de surhommes, une forêt de bronze mordoré, probablement à haute teneur de cuivre... Un Olympe souterrain ! Aussi loin que portait le regard s'imposait en effet dans un amalgame de torses, de cuisses et de biceps, un quinconce de groupes élaborés avec un rare souci de perfection plastique. Ici, on assistait à l'affrontement sauvage, terriblement expressif, d'Héraklès et du lion de Némée ; là, c'était Persée triomphant de la hideuse Gorgone ; ailleurs jaillissait Laocoon d'entre les serpents, dans une interprétation si novatrice, si pertinente, qu'elle aurait pu rivaliser fort honorablement avec l'œuvre célèbre d'Agésandre de Rhodes.

Une multitude de personnages issus de toutes les mythologies – avec une préférence marquée pour la gréco-latine – se dressaient dans l'immobilité de leur grandeur hiératique, ou se figeaient dans l'élan formidable de telle ou telle situation périlleuse. Contrairement à ce qu'aurait pu penser un visiteur profane, il ne s'agissait pas de copies surdimensionnées de l'Antique ou de la Renaissance, mais de réalisations purement originales. La facture classique – mais non académique – de chaque pièce témoignait d'un authentique tempérament créateur, implacable et tourmenté, dont l'essence contredisait l'apparente sérénité de leur auteur.

L'énorme bunker hébergeant cette fabuleuse chaussée de géants se terminait par la maçonnerie régulière et monotone d'un mur briqueté de faïence. Précédant la paroi de quelques mètres, une table massive s'agrippait au dallage de béton. Le volume utile de son plateau d'acier en faisait une sorte de bloc monumental qu'on eût été en droit de trouver moins déplacé dans un laboratoire que dans un atelier d'artiste.

On devinait que son utilisateur s'en servait comme d'un bureau d'études, accessoirement comme d'un établi. Le côté gauche de cette console supportait un entassement d'écrans crépitant pour l'heure de données chiffrées inintelligibles. Il dominait en contrebas la quadruple terrasse d'un clavier semé de touches et hérissé de manettes. Le côté droit, lui, se voyait entièrement annexé par un autre écran, dont la surface égalait à elle seule l'ensemble de ceux auxquels il faisait pendant. Il indiquait à ce moment en tracé « fil de fer » mobile les formes calibrées de ce qui, selon toute vraisemblance, constituait les bases d'un futur travail. Cette technologie de pointe apportait déjà un contraste flagrant avec l'œuvre dont elle était à n'en pas douter la promotrice, mais un troisième élément surenchérissait encore dans la rupture de style : un fauteuil Louis XV, authentique, bien entendu, timidement interposé entre table et maçonnerie.

Phalène s'approcha de la statue d'un Jupiter tonnant drapé dans sa chlamyde, et en lissa délicatement le surplus inférieur.

– La légèreté du tissu est admirablement rendue, s'extasia-t-il.

– Oh ! Je peux même aller jusqu'à la transparence ! assura Grandville.

– Et cependant, on dirait...

– ... Du bronze, oui. Mais il m'arrive aussi, au gré des commandes et de ma fantaisie, d'ouvrager des métaux plus nobles...

– Voilà qui suppose un fantastique travail de fonte et de coulage... Une telle entreprise ne présente-t-elle pas un certain facteur de risque, surtout dans un espace fermé ?

Grandville eut un sourire supérieur.

– Socialement parlant, je suis plutôt un homme

ouvert, mais en matière de création, j'avoue préférer le confinement. Il préserve avantageusement des atteintes du monde extérieur...

L'artiste s'interrompit pour intimer à son visiteur d'avoir à le suivre. Les deux hommes se frayèrent ainsi un chemin par le dédale des statues, et parvinrent peu après devant le mur bétonné occupant la partie gauche de la salle. Grandville montra d'un geste large une enfilade de portières calcinées ouvertes sur des chambres thermiques.

– ... Quant à la sécurité, rassurez-vous, inspecteur. Tout a été prévu. Ces fours bénéficient chacun d'une ventilation autonome grâce à un système de soufflerie correspondant avec l'extérieur. Dans le cas peu probable d'un incendie, des prises d'eau entrent en action automatiquement et aspergent les parois, si bien que l'unique sinistre encouru ici est celui de l'inondation !

– D'accord, mais dans cette éventualité, les collections de la salle voisine n'en demeurent pas moins dangereusement exposées...

– Justement non ! À la moindre alerte, celle-ci se voit aussitôt isolée... Le couloir que nous avons emprunté tout à l'heure se clôt en effet hermétiquement par un savant compartimentage capable de résister aux plus fortes pressions !

– Au fait, il faut bien respirer... L'air est conditionné ?

– Oui. Et puis, en cas de panne, il existe des manches d'aération auxiliaires aussi discrètes que multiples... Trêve de claustrophobie, inspecteur, vous voyez que vous ne risquez rien !

Le rire contenu de Grandville accompagna leur retour à l'allée centrale.

– Je ne suis pas ce que l'on pourrait appeler un connaisseur, mais je trouve vos sculptures magnifiques, apprécia Phalène avec sincérité.

— Merci. Vous aurez noté que je me réclame de l'école classique. Le classique, seul, est éternel...

— Un travail grandiose, assurément, et, si j'en juge par l'extraordinaire souci du détail, d'une exécution fort longue. Or l'œuvre exposée ici est d'une abondance...

— ... Sans compter ce que j'ai déjà vendu ou donné !

— Comment faites-vous donc pour assumer à vous seul une telle production ? Ne me dites pas qu'on fabrique ce genre de bibelots à la chaîne !

— Certes pas ! Et pour une excellente raison : une œuvre d'art digne de ce nom implique l'unicité. C'est un point d'éthique sur lequel je ne transige pas, même avec mon père qui reste à ce jour le meilleur imprésario que l'on puisse rêver. Une fois la statue achevée, le moule qui l'a engendrée est aussitôt détruit. Mais pour répondre à votre question, je dois avouer que je suis admirablement secondé par la technique. La phase de conception mise à part, je ne mets pour ainsi dire pas la main à la pâte. Après avoir exécuté des centaines d'esquisses, j'en soumets la quintessence à l'ordinateur, lequel se charge d'en tirer une synthèse à son tour soumise à mon jugement. Le feu vert accordé, la mécanique d'exécution se met en marche et s'effectue hors de mon contrôle. N'ayant jamais été déçu par le résultat, je lui fais une entière confiance. Bien entendu, je me réserve en fin de parcours de corriger les petits défauts et de peaufiner les derniers détails...

— ... En somme, le rêve concrétisé du créateur, résuma Phalène. Un volume palpable directement issu du travail de la pensée !

— Définition sommaire, mais acceptable.

— Tout de même, monsieur Grandville, une besogne aussi complexe ne s'accomplit pas par l'opération du Saint-Esprit. Quel mystérieux intermédiaire possède une main assez sûre pour creuser une matrice au quart de millimètre, et assez forte pour endosser la responsabilité du gros œuvre ?

– C'est toute la devinette, inspecteur ! plaisanta Grandville. Qui ? Mais Vulcain, parbleu… (il désigna la statue musculeuse du dieu borgne martelant son enclume)… le maître des Cyclopes, le forgeron personnel de Jupiter ! (Redevenant sérieux :) vous me permettrez de jeter un voile pudique sur cette question. À l'exemple de mes illustres devanciers de la Renaissance, je me veux non seulement artiste, mais aussi ingénieur et mécanicien. Vous comprendrez donc que je revendique à ce triple titre de conserver par-devers moi quelques petits secrets de fabrication…

Phalène esquissa un sourire de connivence. Un silence s'ensuivit qu'il résolut de meubler par un coq-à-l'âne téméraire.

– Je présume que si je vous demandais ce que vous faisiez au moment de ces meurtres, vous me répondriez que vous étiez ici…

– C'est probable, mais je n'ai plus présentes à l'esprit les dates exactes de ces atrocités.

Ravi de voir que son hôte ne se formalisait pas de l'interrogation, l'inspecteur s'empressa de fournir l'éclaircissement.

– … Alors, oui, le fait est : j'étais bien à Paris, sacrifiant vraisemblablement à ma coupable industrie…

– Sans témoin, naturellement ?

– … Et sans alibi, ce qui exclut de facto ma participation à ces crimes sordides !

– Je ne saisis pas.

– Étant donné que vous me faites passer – en douceur, il est vrai – du statut de veuf inconsolable à celui de suspect possible, vous devez connaître cette règle cardinale du roman criminel édictant que les innocents ne prennent jamais la peine d'anticiper les interrogatoires policiers en se dotant par avance de témoignages irrécusables et d'alibis indestructibles ! Mais toute plaisanterie mise à part, je me demande ce qui pourrait bien vous laisser supposer que je sois mêlé de près ou de loin à ces ténébreuses affaires...

— Personne ne prétend que vous y soyez mêlé. Il se trouve que vous habitiez avec la dernière victime. Sous le même toit.

— Si peu.

— Cassandra Flown était tout de même votre femme !

— Laissez-moi vous dire, inspecteur, que vous avez une conception singulière de la vie conjugale... Le mariage devient certes à la longue une cohabitation éprouvante pour le commun des mortels, mais croyez-vous réellement que la destinée obligée des couples soit de s'entretuer ?

— Dieu merci, non ! L'institution du divorce existe au moins pour nous épargner un surcroît de travail !

— Précisément, je vous répète que je n'y étais pas hostile. Tenez, puisque vous paraissez friand d'aveux en tous genres, je vais vous en livrer un de première main : j'ignorais totalement que Cassandra fût à Paris ces jours derniers. Son absence remontait à des semaines. Elle m'avait parlé d'un tournage en Irlande...

Phalène consulta sa montre. Elle marquait 16 h 15. S'il voulait se conformer à son programme de repos forcé, il n'était que temps pour lui de regagner ses pénates.

— Une dernière chose, monsieur Grandville. En prévision de notre entretien, j'ai consulté l'ordinateur central à votre sujet. Notre fichier informatisé s'étend aux soixante millions d'habitants que compte l'hexagone, mais je n'y ai trouvé qu'un seul Alexis Grandville. (Il sortit un feuillet de sa poche et en parcourut le libellé à haute voix.) « Alexis Grandville : né à Paris le 3 janvier 1924. Industriel, négociant en import-export. Collectionneur d'objets d'art et d'antiquités. Expert international… »

– Vous auriez pu ajouter comédien. Il a fait du théâtre dans son jeune temps… Il s'agit évidemment de mon père. Nous portons le même prénom.

– Le problème est : comment se fait-il que vous, vous n'existiez pas pour nos services ?

– L'explication est simple : pendant la guerre mes parents s'étaient réfugiés en Angleterre. Je suis né à Londres en 1944…

– 1944 ? Cela vous ferait donc cinquante-deux ans ?

– Révolus, oui.

– Compliments, vous ne les paraissez pas.

– … Londres, le 17 mars 1944… répéta Grandville sans relever le compliment. Je vous jure que ce n'était pas la conjoncture idéale pour venir au monde ! La ville, à ce moment, subissait des bombardements en permanence, et l'annexe de l'ambassade où ma naissance avait été consignée fut peu après complètement pulvérisée par un V2. À cette époque troublée, mes parents, comme d'ailleurs la plupart des gens, avaient autre chose à faire que d'aller se répandre en de stériles formalités. Il fallait vivre ! Plus tard, il s'avéra impossible – et pour cause – d'établir mon identité à partir des pièces originelles. Heureusement pour moi, la législation britannique, à la différence du Code français, ne s'est jamais montrée trop sourcilleuse sur les questions d'état civil. Et comme je suis resté dans ce pays jusqu'à la fin des années soixante… Depuis lors, mes divers papiers d'identité, passeports et autres, ne découlent que de renouvellements à partir de rien. De renouvellements en renouvellements…

– Il est quand même inconcevable que vous n'ayez pour nous aucune existence légale.

— Pardon ! En tant que sujet de Sa Gracieuse Majesté, mon « inexistence » ne porte aucunement préjudice à la loi française !

— Votre statut est malgré tout celui de résident permanent. N'avez-vous jamais pensé à effectuer les démarches en vue de votre naturalisation ?

— Quel intérêt ? La France, la Grande-Bretagne, font aujourd'hui partie de la mosaïque européenne. Et puis je confesse ne pas éprouver une passion excessive pour la paperasse, fût-elle informatisée...

Le policier fronça les sourcils.

— Je ne veux pas jouer les fonctionnaires tatillons, mais ne serait-ce que pour votre propre bien-être, je ne saurais trop vous conseiller de régulariser au plus vite... De ce côté ou de l'autre de la Manche.

Grandville, à son habitude, prit la mise en demeure avec humour et philosophie.

— ... Du moins cette tragique affaire m'aura été de quelque utilité !

— Bon, dit Phalène en regardant à nouveau sa montre ; j'ai suffisamment abusé de votre patience. Je pense qu'il n'est pas dans vos intentions de quitter la capitale ?

— Il y a peu de chances. J'aime trop Paris au mois d'août !

L'inspecteur coupa l'enregistrement sur cette profession de foi.

LE SECRET DE CHÉOPS

(Article paru à la une du quotidien Le Monde, *en date du samedi 24 août 1996)*

La sensation fut grande hier soir au journal télévisé de Canal 15, après que le professeur Christian Delubac eut annoncé qu'il était parvenu à déchiffrer les mystérieuses inscriptions de la stèle de Chéops. Chercheur solitaire et discret, par ailleurs titulaire d'une chaire d'égyptologie au Collège de France, le professeur Delubac ne se doutait assurément pas des remous qu'allait entraîner une telle déclaration.

Dès ce matin, en effet, presse et médias audiovisuels ne se sont pas fait faute de relayer la contestation quasi unanime du milieu scientifique international. À l'appui de leurs réserves, les experts concernés mettent notamment l'accent sur le trop court laps de temps compris entre la publication de l'énigme et ce que les plus modérés d'entre eux nomment pudiquement sa « très hypothétique résolution ».

Faut-il voir dans cette réaction de rejet l'amertume compréhensible d'une communauté de spécialistes surclassés par la lucidité et la rapidité d'un confrère plus chanceux ? C'est probable. L'Histoire n'est du reste pas avare de ce genre de polémiques. Sans remonter bien loin, rappellera-t-on cette véritable course au déchiffrement des hiéroglyphes qui, dans les années 1820, mobilisa l'ardeur spéculative des plus beaux esprits européens avant de consacrer durablement le génie victorieux de notre compatriote Jean-François Champollion ?

Connaissant pour notre part l'inaltérable réputation de sérieux du professeur Delubac, nous avons décidé en plein accord avec lui de publier in extenso *le fruit de ses recherches. Sa traduction commentée fera donc l'objet d'un supplément spécial encarté dans notre édition du 28 août. Nous en serons alors à cinq jours de l'implosion de la stèle... Respect du lecteur oblige, nous avons pensé qu'une telle publication valait bien cet effort, d'autant que le professeur Delubac nous a fait entrevoir un faisceau d'informations sur le monde antique laissant loin derrière elles le discours anodin de la pierre de Rosette. Le risque de fuites éventuelles a en outre incité ce chercheur scrupuleux à ne nous en confier la teneur qu'en toute dernière minute, c'est-à-dire à la veille même du tirage, au marbre du journal.*

À mardi, donc, pour ce numéro que l'on peut d'ores et déjà qualifier d'historique.

LA RÉDACTION

DEUXIÈME PARTIE

LE MAÎTRE DE TOUS LES MYSTÈRES

RETROUVAILLES

Lundi 26 août

Les vacances touchaient à leur fin. La ville écrasée de chaleur savourait encore la bienfaisante léthargie préludant au retour massif, vibrionnant, des hordes aoûtiennes. L'assassin lui-même participait de la torpeur générale en dispensant une accalmie diversement appréciée suivant qu'on se plaçât du côté de la police ou de celui des médias. La première accueillait en effet cette trêve inespérée comme une manne céleste, les seconds, perpétuellement sur la brèche, allant jusqu'à manifester au fil des éditions une impatience proprement indécente. Mais que l'attente des uns ou des autres se fondât sur une espérance malsaine ou une appréhension résignée, il ne se trouvait personne pour douter que ce répit pût revêtir autre chose qu'un caractère provisoire. L'insaisissable artisan du Parcours égyptien monopolisait en conséquence plus que jamais les conversations, et on se plaisait volontiers à l'imaginer, tapi en quelque retraite secrète, fomentant une série inédite d'extravagants forfaits.

Phalène, quant à lui, observait scrupuleusement les consignes de repos que le président Monestier et le docteur Gaboriau lui avaient – il se souvenait encore de leur insistance singulière – davantage intimées que prescrites. Ces recommandations s'étaient d'ailleurs vues répercutées par échos successifs depuis l'Élysée jusqu'au siège de la P.J., où elles avaient atterri sous la forme d'une note comminatoire entre les mains d'un commissaire Frusquint encore tout surpris de son rappel prématuré... et stupéfait que sa première mission consistât à faire bénéficier un subordonné d'un tel traitement de faveur.

On escomptait en haut lieu la prochaine réapparition de Nox, c'était évident, mais Phalène n'en continuait pas moins à se torturer les méninges pour essayer de comprendre en quoi les soins jaloux dont on l'entourait pourraient bien être de nature à monnayer l'hypothétique retour de son étrange voisin. Le traitement, en tout cas, commençait à porter ses fruits. Si, mentalement parlant, son esprit restait encombré par les sanglants arcanes du Parcours égyptien, sa forme physique, à la satisfaction générale, devenait de jour en jour plus florissante. Le sommeil se révélait décidément un médicament souverain, une drogue bienfaisante dont il se gorgeait chaque nuit, le temps d'accomplir au pays des songes un tour complet de cadran.

Il était 20 h 30, ce lundi soir. Dérogeant à son programme imposé de quasi-farniente, le policier rentrait chez lui exceptionnellement tard. Certes, il avait aussi commencé tard, après une roborative grasse matinée ; mais ce dérapage sensible sur l'horaire fantaisiste qui lui avait été octroyé, se colorait d'autres raisons, infiniment plus sombres...

Le coup de tonnerre avait retenti sur la Grande Maison à 16 h 30, ce même après-midi, au moment précis où l'inspecteur, rompu à son nouveau rythme de « travail », se disposait à quitter le bureau. L'assassin fantôme avait récidivé ! Enchaînant l'effroyable série, un quatrième meurtre portant indubitablement sa griffe venait d'être découvert.

Sous l'impulsion des médias, Paris, l'Europe, le monde entier, allaient pouvoir renouer avec l'inavouable et délicieux frisson qu'engendre le mariage formidablement assorti de la terreur et du mystère.

Phalène s'engouffra d'un pas alerte sous le porche de son immeuble. Un carré de ciel surplombant la cour étroite laissait entrevoir sur fond bleu roi la section d'un long nuage rosé prometteur d'un lendemain ensoleillé. « ... De quoi réjouir les agriculteurs ! », ironisa le fonctionnaire pour lui-même en évoquant le désarroi grandissant des paysans devant cet été sans averse.

S'attardant au bas de la perspective des fenêtres grandes ouvertes, il réprima très vite son ironie. Au nombre des quelques lumières filtrant des baies figurait celle d'une pièce culminant sous les toits. L'appartement au-dessus du sien. Incrédule, il recompta les étages, mais ce nouveau calcul se révéla superflu : il y avait bien quelqu'un au cinquième... Incroyable sens de l'opportunité : répondant à la demande « générale »... de trois personnes, Nox avait réintégré son nid d'aigle !

Sans réfléchir plus avant, le policier avala la courette en quelques enjambées et franchit comme un bolide l'étroit passage couvert donnant accès à l'escalier. Oubliant le poids de la mallette qui contenait les documents du jour, il entreprit d'en gravir les marches quatre à quatre sans s'arrêter avant le terme de son ascension, même devant sa porte, au quatrième. Parvenu, hors d'haleine, sur le dernier palier, il tendait déjà un index fébrile vers la sonnette, quand il s'avisa que le battant était entrebâillé. Il le poussa sans l'ombre d'une hésitation, et Nox lui apparut aussitôt, planté derrière l'encadrement, comme le reflet sublimé de sa propre image.

Pour qui aurait souhaité se livrer à un improbable jeu des différences, l'indice essentiel eût résidé – costume mis à part – dans le visage du détective, lequel, contrairement à celui de son visiteur, ne trahissait pas le moindre étonnement. Pourquoi en aurait-il fait montre ?

Le capitaine n'ignorait rien, lui, du cas étrange de dédoublement affectant leur personnalité. Il présentait une physionomie sereine, cordiale mais impénétrable, comme s'ils s'étaient quittés la veille, alors que près d'une année avait passé depuis leur dernière rencontre. Les choses existaient-elles davantage par leur réalité que par leur apparence ? Dilemme de taille pour un métaphysicien ! Quoi qu'il en soit, un témoin caché ne les eût assurément pas perçues de la même manière que l'inspecteur. Nox, après tout, se devait d'être là... L'inconscient de Phalène, assiégé en permanence par l'urgence d'une solution, exigeait cet indispensable retour ! Ne l'avait-il pas sollicité avec une ferveur décuplée le matin même, lorsque l'esprit encore embrumé par le sommeil, il était monté éclairer la pièce et entrouvrir la porte afin de se ménager la divine surprise du crépuscule ? Mais qu'importaient les modalités ? Nox était là, enfin, face à lui, bien vivant, mirage consistant né de son imagination fertile.

Incessamment, lorsque le crépuscule céderait le ciel à la nuit, le mirage changerait de camp. Le capitaine s'incarnerait à son tour avec plus de force encore dans le réel, tandis que l'inspecteur irait rejoindre sagement le domaine des rêves. Le déroulement du phénomène était simple à défaut de son explication : au fur et à mesure que descendaient les ténèbres, la personnalité du capitaine, régénérée par le repos forcé du policier, dévorerait lambeau par lambeau celle de ce dernier, pour la digérer complètement jusqu'aux premières lueurs de l'aube.

C'est sur cette connaissance des faits que Gaboriau avait établi son diagnostic, et, partant, suggéré la marche à suivre. Un mystère formidable requerrait-il le secours de facultés exceptionnelles ? Il ne suffisait en somme que de créer les circonstances les plus favorables à la résurrection de qui en était dépositaire ! Mû par le désir intense de retrouver son alter ego, Phalène n'avait pas manqué dès les prémices de cette tragique affaire d'effectuer à l'état de somnambule plusieurs incursions nocturnes dans l'appartement déserté ; en sorte qu'il lui fût préalablement donné de ressusciter son double par intermittence en manière de répétition générale... Est-ce pour cette raison qu'il ne s'émut pas des changements intervenus depuis sa dernière visite consciente ? La table basse, par exemple, naguère dévolue à la fonction prosaïque de réceptacle à leurs libations, s'encombrait ce soir d'un monceau de paperasses.

L'instinct professionnel n'étant pas un vain mot, il s'approcha pour en survoler machinalement la teneur, puis il entama la conversation, évitant avec tact toute allusion relative à l'éclipse prolongée de son hôte.

– ... Alors, comme ça, vous aussi... fit-il d'un air entendu.

– Eh oui, mon ami, répondit Nox sur un ton détaché. Je ne suis pas de ceux qui sacrifient volontiers à la mode, mais il faut reconnaître que le défi était amusant...

Phalène s'esclaffa.

– Vous me surprendrez toujours, Nox ! Les décrypteurs les plus chevronnés de la planète s'arrachent les cheveux depuis des semaines sur les inscriptions de la stèle en mettant, sans succès d'ailleurs, des ribambelles d'ordinateurs à contribution, et vous, vous trouvez le défi « amusant » !

– C'est que, précisément, ils ont acquis le mauvais réflexe de s'en remettre pour toutes choses au bon vouloir des machines, en négligeant la plus extraordinaire d'entre elles, le cerveau humain.

– Les machines permettent d'aller plus vite, tenta d'argumenter Phalène.

– La belle affaire ! riposta Nox avec aigreur. Qui a jamais décrété que la vitesse fût l'indice majeur à quoi se reconnaît une civilisation ?

L'inspecteur laissa s'écorner un sourire.

– À la bonne heure... Je retrouve le philosophe !

– Hé ! Cette qualité n'est peut-être pas inutile

pour qui veut comprendre le sens caché du message...

Le visiteur ouvrit des yeux ronds.

– Comment... Vous voulez dire que vous êtes parvenu à le traduire ?

– Eh bien, pas entièrement. Pour être tout à fait franc, je bute encore sur la deuxième partie... J'attends d'ailleurs avec une certaine impatience *Le Monde* de demain pour confronter mes résultats avec ceux du professeur Delubac.

Phalène poussa à ce moment un interminable soupir de découragement dédoublé par la plainte du fauteuil dans lequel il s'effondra.

– Une grosse déconvenue vous guette, alors. Je suis bien placé pour savoir que cette traduction ne sera pas publiée de sitôt, si elle l'est jamais...

– Vous voulez dire...

– ... Ce que chacun ignore encore : Delubac est mort, assassiné pendant le week-end, et les documents qu'il devait déposer ce soir au siège du journal restent introuvables.

Silencieux, Nox s'installa à son tour dans son canapé de prédilection.

– Dites-moi... Ce meurtre n'aurait-il pas, par hasard, un rapport avec le Parcours égyptien ? La profession de Delubac...

– C'est hors de doute. (Le policier haussa un sourcil soupçonneux.) Mais je constate que vous êtes au courant de l'actualité... Dois-je comprendre que le sujet vous intéresse ?

– De fort près ! Vous avouerai-je qu'une nuit, mettant à profit notre vague ressemblance, je me suis présenté sous votre identité au domicile de cet aimable hurluberlu qu'était Jésophan Quimp ?

« Chaque explication vient à son heure », songea le policier en se remémorant l'étrange obstination de Gerda Pauwell à vouloir le reconnaître.

– Il va de soi, continua le capitaine, qu'il fallait

dénicher en priorité toute personne susceptible de se procurer dans les meilleurs délais un cubage d'eau du Nil capable d'héberger un crocodile en transit et, pourquoi pas, de « liquider » un potamophile immanquablement conduit à s'émouvoir d'une trop curieuse coïncidence...

— Je vois... Il suffisait en somme de piocher dans l'annuaire à la rubrique « professions »...

— ... Plutôt le bottin mondain ; mais ce n'est là qu'un point de détail.

— Le président peut être satisfait, se rengorgea Phalène. Il doutait si peu de votre intérêt pour ce casse-tête, qu'il m'a autorisé à vous communiquer toutes les pièces du dossier.

— Diable ! Les choses sont-elles si graves ? s'interrogea le détective en bravant candidement l'immodestie.

— C'est que l'affaire a pris d'énormes proportions, surtout depuis l'assassinat de Cassandra Flown. Nous avons maintenant sur le dos l'opinion publique internationale...

— ... Et la police, évidemment, patauge dans le flou artistique !

L'inspecteur se rembrunit.

— Le meurtrier ne nous laisse guère de répit. Je voudrais vous y voir...

— Justement, Phalène, dès cette minute, vous m'y voyez ! Bon. Prenons l'affaire à bras-le-corps ! L'assassin a donc une nouvelle fois frappé...

— Oui. Et toujours à sa manière, incongrue, bizarre, extravagante...

— Trêve de synonymes ! Racontez.

On entrait dans le vif du sujet. Phalène sortit de sa mallette le dossier du jour et le libéra prestement de sa bride. Cela étant fait, il entreprit de planter le décor.

— Imaginez un appartement confortable en plein cœur du Marais. Un agencement de pièces spacieuses, hautes de plafond ; un intérieur cossu... Dès la porte d'entrée, le ton est donné : l'inscription fatidique qui signe tous les meurtres s'étale en lettres rouges. Il s'agit cette fois des deux mots KHÂRIS-ANTEF.

KHÂRIS·ANTEF

– Khâris-Antef... répéta Nox en marmonnant. Un nom révélateur... Tout nous indique par conséquent que notre infortuné Delubac est mort percé d'une flèche !

Phalène décocha à son interlocuteur virtuel un regard atterré.

– Ah ! Ça, Nox, vous êtes assurément la personne la moins accessible au flagrant délit de surprise ! Comment savez-vous...

– Facile, répliqua le détective en allumant sa double pipe. Khâris-Antef est une divinité secondaire de la mythologie égyptienne. Exécuteur des hautes œuvres attaché à la Maison du Pharaon. Un archer d'une habileté exceptionnelle !

– ... Dans le vestibule, continua l'inspecteur, nous sommes accueillis par le serviteur... Encore que le mot soit mal choisi ; secrétaire serait plus exact. Un certain Hadji Sélikmet, immigré d'origine turque, récemment embauché. Noir de poil, la quarantaine avantageuse, brillant sujet à l'évidence ; il parle couramment notre langue. Bref, l'homme ne peut dissimuler son émotion. C'est lui qui a averti le commissariat du quatrième aussitôt le meurtre découvert. Sur les conseils du brigadier de service, il n'a pas essayé d'entrer dans la pièce du crime. Il n'était d'ailleurs pas seul sur place ; la femme de ménage de Delubac venait de le précéder sur les lieux, et ils ne se sont pas quittés d'une semelle jusqu'à notre arrivée.

– La femme de ménage ?

– Une madame Méré-Miton. Bien connue dans le quartier. Elle est employée chez les uns, chez les autres... Nous l'avons très vite laissée partir ; le témoignage de Sélikmet suffisait amplement... En définitive, nous sommes confrontés au même scénario que pour Quimp ; un week-end ensoleillé du mois d'août, l'entourage immédiat de la victime éparpillé dans la nature, une effraction en douceur du panneau d'entrée...

– Vous voulez me faire un petit plaisir, Phalène ? Dites-moi pour corser le problème que la porte d'accès à la fameuse pièce était fermée à clé de l'intérieur...

Regard abasourdi du policier. Il faut avouer, pour être honnête, que Nox ne fondait pas son insinuation sur une quelconque faculté d'ordre divinatoire ; il se contentait tout bêtement de puiser dans le cerveau de son double – c'est-à-dire le sien propre – le souvenir le plus persistant.

– Puisque vous savez tout, ainsi soit-il ! se résigna l'inspecteur en écartant théâtralement les bras.

– Pas tout, corrigea le détective. J'ignore par exemple comment Sélikmet et madame Méré-Miton ont pu voir la scène du crime. Pas par le trou de la serrure ; la clé n'y était-elle pas engagée ? ...

– Précisément. Déjà rendu légitimement inquiet à cause de l'effraction, le secrétaire n'a pas manqué de s'étonner auprès de la femme de ménage que Delubac demeurât sourd à ses appels insistants, de même qu'au crescendo de coups tambourinés contre la porte du bureau. Delubac, il est vrai, avait pris l'habitude, quand il travaillait, de s'enfermer à double tour pour ne pas être dérangé. Alarmés, malgré cela, de n'entendre aucun bruit, ils sont passés ensemble dans la chambre contiguë afin d'accéder aux fenêtres de la pièce en question par le balcon. Là, ils ont pu distinguer entre les lames des persiennes, ainsi que je l'ai fait moi-même par la suite, le... enfin, la...

– L'endroit n'était donc pas plongé dans l'obscurité.

– Au contraire, la lumière brillait *a giorno*, preuve que le meurtre eut lieu à la nuit tombée. Vendredi en fin de soirée, selon les premières estimations du légiste.

– Vous avez donc enfoncé la porte...

– Bien obligés ! Et nous nous sommes approchés du corps. Delubac reposait sur le ventre, une flèche – peut-on appeler ça ainsi, compte tenu de ses dimensions ? – profondément enfoncée dans le dos au niveau du cœur.

À l'appui de ses dires, Phalène préleva un agrandissement polaroïd hors du dossier et le tendit au détective.

– Bien ! résuma Nox en se frottant les mains. Attaquons de front ce problème de meurtre en local clos. Voyons... nous avons une porte fermée de l'intérieur... Au fait, il pourrait exister plusieurs exemplaires de la clé...

– Non, tranquillisez-vous. Les témoins sont formels : ils n'en ont jamais vu qu'un seul jeu, celui qui se trouvait dans la serrure.

Nox ne put contenir un ronronnement de jubilation.

– ... À merveille ! Et les deux seules fenêtres étaient, elles aussi, bouclées avec leurs persiennes rabattues ! Bien entendu, pas d'autre ouverture ? Une cheminée...

– Non, pas de cheminée. Delubac a été tué dans son bureau. L'unique conduit, bouché d'ailleurs, se trouve à l'exact opposé de l'appartement, dans le salon.

– Évidemment, aucun passage secret ?

– Nox... Nous ne sommes pas dans un roman-feuilleton !

— Ne méprisons pas trop les romans-feuilletons, mon ami. Leurs ressorts dramatiques sont parfois fort instructifs. Mais décrivez-moi plutôt la pièce, l'environnement familier de la victime.

L'inspecteur attendait cette exhortation. Il renversa la tête en arrière et cligna des yeux pour fixer le plafond d'un air pénétré.

— Il y a une bibliothèque, très fournie, occupant la totalité du mur de gauche. Nous l'avons sondée complètement. Rien de ce côté-là. En sa partie médiane, elle intègre un coffre-fort à hauteur d'homme. Celui-ci était largement ouvert ; les documents de Delubac relatifs à la traduction du message avaient disparu...

— Seulement ces documents ?

— Oui. Le secrétaire nous l'a confirmé. Le vol serait le mobile du meurtre, selon vous ?

— Possible, mais alors, comment justifier les autres ? Poursuivez, je vous en prie.

— Il y a le bureau proprement dit, aux pieds duquel gisait la victime... Mais attendez, un petit croquis vaut mieux qu'un long discours, et une série de photos est encore plus éloquente...

À l'appui de ses propos, Phalène transmit un éventail de clichés au capitaine. Ce dernier s'en empara, les aligna sur le fatras de la table basse et les examina un à un.

— ... Cette statue, dans l'axe de la porte, est une pièce de choix... un véritable colosse, commenta-t-il, admiratif. Hum ! Une figure d'archer égyptien... Khâris-Antef, comme par hasard !

— Justement, ce n'est pas la chose la moins étonnante de l'histoire : figurez-vous qu'elle est l'œuvre d'Alexis Grandville, sculpteur dilettante... et accessoirement, veuf point trop éploré de Cassandra Flown !

— L'arc est brandi vers l'avant, en direction du bureau, observa Nox en négligeant l'allusion à

Grandville, mais – s'il y en eût jamais – on ne retrouve plus de flèche entre les doigts supposés emprisonner l'empennage et la jointure de l'index droit censée supporter la pointe... Bien que les apparences soient contre la statue, j'espère que vous avez résisté à la tentation de lui passer les menottes !

– Nox !

Le limier éclata d'un rire sonore devant la mine scandalisée du policier.

– Innocente taquinerie, mon brave Phalène ! plaida-t-il, le geste apaisant.

Redevenant sérieux, il sélectionna une photo et en tapota la surface glacée du revers de la main.

– Et ce sarcophage que j'aperçois à l'arrière-plan... Vous l'avez ouvert ?

– Avec difficulté, oui. Nous n'avons pas été trop de quatre pour déplacer le « couvercle ». Étant donné qu'il y avait une chance pour que l'assassin s'y cachât encore, c'est une des premières choses à laquelle nous avons songé... Bien que notre bonhomme y eût notoirement risqué l'asphyxie ! Pensez... plus de quarante-huit heures là-dedans...

– Eh bien ?

– Vide. Personne à l'intérieur ; et puisque l'humour est de rigueur : pas l'ombre d'une momie équipée de bouteilles d'oxygène !

– Ni de double-fond ?

– Nous prenez-vous pour des enfants ? L'intérieur du sarcophage, comme tout le reste, a été minutieusement examiné. Sans résultat.

– À part cela, rien d'autre qui vous ait frappé ?

– Non. Quoique...

L'inspecteur grimaça une moue chiffonnée.

– C'est... comment dire... une impression. Quelque chose aurait dû être là qui ne s'y trouvait plus !

– Excellent, Phalène ! Vous sortez enfin de la routine policière !

— Cela ne m'aurait pas particulièrement intrigué si je n'avais ressenti auparavant pareil malaise. La première fois, ce fut lors de ma visite dans l'appartement de Jésophan Quimp, et, plus tard, en découvrant la « chambre de prières » au domicile de Cassandra Flown. J'ai éprouvé tantôt une sensation identique dans le bureau de Delubac. Vous voyez cette espèce de piédestal en forme de colonne tronquée ? Je divague peut-être, mais il appelle selon moi la présence de je ne sais quel objet décoratif...

— Compliments, mon ami ! L'imagination spéculative gagne à sa cause un des plus beaux fleurons de l'administration judiciaire !

— Allons, Nox !

— Mais je ne me moque pas, Phalène. C'est par l'imagination, et uniquement par elle, que furent résolues les affaires les plus embrouillées !

— Parlerons-nous enfin du projectile ?

— J'allais vous le demander.

— Quant à lui, pas de mystère : une sorte de roseau pointu, comme vous pouvez le voir... Un trait d'environ un mètre cinquante, presque un javelot ! Avec dix centimètres de bois enfoncés dans le cuir, cela équivaut à un quasi-transpercement. Une mort lente et douloureuse, d'après le légiste.

Le détective se massa le menton en ruminant d'un ton monocorde :

— Une flèche dont les proportions correspondent exactement à celles de l'arc brandi par la statue... Notre meurtrier est décidément un personnage intéressant !

— Intéressant ? Dites plutôt diabolique ! D'où a bien pu sortir cette maudite sagaie ? Certainement pas du carquois de Khâris-Antef ! Nous avons fouillé partout sans découvrir une ouverture assez large pour la laisser passer !

— Je remarque que le fauteuil de Delubac est un de ces modèles de bureau, confortable, fonctionnel ; dossier surbaissé, siège pivotant monté sur un quadruple roulement à billes... On le voit, sur ce cliché, relégué près du mur de droite, c'est-à-dire relativement éloigné de la place qui devait être la sienne...

— La victime a dû l'écarter brutalement, par réaction, au moment où elle a été atteinte.

— Entièrement d'accord. Nous en induirons donc que Delubac travaillait quand il a été touché, et qu'il se trouvait par conséquent de dos par rapport à l'unique porte d'accès...

— Si vous pensez au trou de serrure, oubliez-le. Son diamètre est insuffisant pour permettre le passage d'une lance ! Et puis, je vous le répète : la clé était encore dedans. Ce meurtre est incompréhensible !

— Rien n'est incompréhensible pour un esprit logique ! Vous vous attachez trop à l'aspect technique des choses ; ce que l'assassin recherche, manifestement... Croyez-moi sur parole si je vous dis que le plus important dans cette série de forfaits n'est ni le comment ni le qui, mais le pourquoi...

— Écoutez, Nox, ce que le préfet attend dans l'immédiat, c'est une explication cohérente du meurtre de Delubac, pas un amalgame fumeux de considérations philosophiques !

— ... Quitte à faire le jeu du criminel en polarisant votre énergie sur des points secondaires ?

— Vous appelez un point secondaire ce meurtre... impossible ? Puisque vous êtes si malin, racontez-moi donc comment un homme seul dans un espace hermétiquement fermé a pu recevoir dans le cœur une flèche venue de nulle part !

Nox se voyait mis au pied du mur, mais il tenait sa riposte.

— Oh ! Pour ça, l'opération ne présente aucune difficulté majeure !

Sous le coup de l'affirmation, Phalène afficha

une physionomie interloquée, puis fortement dubitative.

– Si vous avez la solution, ne vous gênez surtout pas pour m'en faire part !

– Mais c'est lumineux, mon ami : la serrure !

– Enfin, Nox, je me tue à vous dire…

– Oui, je sais ; la clé était dedans… Voyons, au vu de ces photos, elle est de type ancien et de gabarit respectable. La clé correspondante aussi, nécessairement. Question liminaire : s'agit-il d'un modèle à fût plein ou à fût creux ?

– À fût creux. Je l'ai moi-même noté.

– En ce cas, c'est encore plus facile ! L'assassin – peu importe son identité – se tient dans le vestibule, agenouillé derrière la porte fermée. Il introduit dans le creux de la clé un minuscule pas de vis à molette analogue à ces instruments miniatures que l'on utilise par exemple en dentisterie. L'ayant solidement calé dans cet espace réduit, il le relie à un fil. Il pousse ensuite délicatement la clé hors de son logement et la fait descendre en silence de l'autre côté du battant. Une fois son coup accompli, il la remonte et la réintroduit dans la serrure. Il ne lui reste plus alors qu'à démonter son petit bricolage… Et ni vu ni connu !

– Vous suggérez donc, si j'ai bien compris, qu'il se serait emparé de la clé en la faisant glisser sous la porte au moyen d'une feuille de papier servant de support mobile… Pas très original ! Désolé de démolir votre théorie : la partie inférieure de la porte touche le sol. Elle ne libère aucun interstice autorisant la récupération de la clé côté vestibule !

– Je n'ai jamais prétendu qu'il s'était emparé de la clé, se défendit Nox. J'ai simplement dit qu'il l'avait poussée hors de la serrure…

– Cessons de tourner autour du pot ! s'énerva le policier. Expliquez-moi par quel miraculeux stratagème on peut lancer un javelot par un trou de serrure !

Comme pour ajouter au tourment de son auditeur en instance d'escamotage (l'obscurité gagnait), le détective eut cette réponse sibylline :

– Mon ami, ne nous laissons pas abuser par ce que nous croyons être le déroulement « normal » régissant toutes choses !

– Que diable voulez-vous dire ?

Le capitaine inspira longuement et adopta une pose doctorale. Phalène reconnut ce symptôme ; il se tassa dans son siège et se résigna au cours du soir.

– Connaissez-vous le *Bambusa Bugonis Arundinacea* ?

– Le Bambu...

– Le bambou géant de l'archipel Bugon. Une graminée du plus haut intérêt dont la moindre caractéristique n'est pas qu'elle peut grandir de soixante-dix centimètres par vingt-quatre heures... Des recherches ont été menées sur les propriétés de sa sève, et l'une d'elles, constatée par les plus grands experts botanistes, révèle que celle-ci peut-être assimilée sans souci de rejet par toute variété monocotylédone. Une sorte de donneur universel végétal de croissance rapide... Nul doute que notre roseau, vraisemblablement originaire des rives du Nil, ait bénéficié d'une telle transfusion avant usage. Voyez-vous, ce dernier fut en réalité projeté par le trou de la serrure à l'état d'embryon – une tige dure et effilée d'à peine dix centimètres –, et cette fléchette avait atteint sa taille adulte quand vous l'avez découverte, plantée dans le corps de l'égyptologue, quarante-huit heures plus tard !

– C'est... c'est extraordinaire... balbutia Phalène.

– N'est-ce pas ? souligna le capitaine en attribuant naïvement l'admiration de son vis-à-vis davantage aux étonnantes capacités du *Bambusa* qu'à son prodigieux numéro d'érudition appliquée.

– ... Personnellement je serais assez curieux de voir l'arme du crime. On peut imaginer une arbalète de poche dotée d'un tube lanceur de précision venant remplacer la clé dans son orifice...

– Démonstration fascinante ! convint encore le policier qui, dans la foulée, s'empressa de solliciter un complément d'information.

– Le meurtre n'était pas seul à se signaler par « l'impossibilité » de sa réalisation. Il y a aussi le vol. Comment expliquez-vous le coffre-fort béant, les documents envolés ?

– Une singulière relation de cause à effet, Phalène ! Que le coffre fût ouvert ne signifie pas obligatoirement qu'il y ait eu vol ! Delubac en avait terminé avec sa traduction. Il se consacrait sans doute à d'autres travaux qu'il estimait, en scientifique, tout aussi précieux et confidentiels. À mon avis, il avait remisé les papiers en question dès avant ce tragique week-end dans une cachette extérieure qu'il jugeait, à tort ou à raison, moins exposée que son coffre. S'il n'avait été assassiné, il s'y serait rendu ce soir pour les en prélever avant de passer au journal. Les papiers s'y trouvent peut-être encore. Si nous savions quel est cet endroit...

Phalène hasarda un timide :

– Sa banque, sait-on jamais ?

Auquel répondit un péremptoire :

– Non. Elle eût été fermée à l'heure de son passage.

– Alors, ailleurs ?

– Oui. Ailleurs...

Le silence tomba sur ce double et hypothétique ailleurs. Nox rêvassait, exhalant vers le plafond des nuées de fumées opaques. L'inspecteur, lui, rongeait son frein, avide qu'il était d'en apprendre toujours plus. Interrompant la rêverie de son compagnon, il se jeta à l'eau.

– ... Et pour le reste ? Les autres meurtres...

Cette grande inconnue du pourquoi qui semble vous tenir tellement à cœur ?

– Une inconnue de taille, vous l'avez dit, concéda le détective en revenant à la réalité. J'avoue que la finalité de cette cascade d'assassinats m'apparaît encore des plus nébuleuses ; mais j'ai une excuse : celle de ne disposer, tel le citoyen lambda, que des éléments fragmentaires dont la police, par médias interposés, consent à nous faire l'aumône...

– Vous aurez plus, Nox... Vous aurez tout ! s'emballa l'inspecteur. Enregistrements, photos, procès-verbaux des interrogatoires et des confrontations, tout cela est dès à présent à votre disposition avec la bénédiction de l'Élysée et l'aval du chef de la Sûreté. En prévision de votre retour, j'ai entreposé chez moi l'intégralité des pièces.

– Pouvez-vous me les monter maintenant ?

– C'est que... Il y en a une pile impressionnante. Vous en avez pour la nuit !

– Elle commence à tomber, insinua Nox en montrant la fenêtre. Ne dit-on pas qu'elle porte conseil ?

UN RENDEZ-VOUS AVEC LA MORT

Mercredi 28 août

L'observation qui suit pourra paraître un brin farfelue ; il n'en demeure pas moins vrai que si, ce matin-là, à la P.J., Phalène avait les traits tirés, c'était bien parce que Nox avait passé la nuit à compulser le millier de pages du rapport.

Le téléphone modula son timbre ondoyant.

– Allô ? grommela Phalène en branchant machinalement l'enregistreur.

– ... Allô, répondit en écho une voix haletante. Je voudrais parler au commissaire Frusquint...

– Inspecteur Phalène à l'appareil. Le commissaire est sorti. Je le remplace.

– Ici... ici Luc Méandre. Je... euh... j'ai eu affaire à vos services pour le meurtre de Falconnier-Bussac...

– Je me souviens, repartit Phalène que le débit haché de son correspondant extirpait peu à peu des limbes.

– Je... je ne peux plus me taire, poursuivit la voix saccadée. Il faut que je parle, que je libère ma conscience... Je sais qui est l'assassin... il... il ne flanchera pas... il ira jusqu'au bout... j'ai peur...

– Vous savez... Mais, bon sang, parlez ! Qui est-ce ?

La torpeur s'était définitivement envolée.

– Non... Je ne suis pas un mouchard. Impossible de le dénoncer comme ça par téléphone. Comprenez-moi : j'ai besoin de savoir qu'il veut vraiment attenter à ma vie pour me considérer au moins en état de légitime défense ! Il m'a... Il veut me rencontrer pour, dit-il, essayer de me convaincre de ses raisons, mais je connais trop sa façon de procéder pour ne pas être sûr de ce qui m'attend...

— Ne bougez pas... Nous arrivons tout de suite ! s'écria Phalène, paniqué à l'idée de perdre ce témoin capital.

— ... Inutile. Je ne suis pas chez moi... Je téléphone d'une cabine.

— Bon, il vous a donné rendez-vous ?

— Oui...

— Où ça ? Une ruelle sombre à la nuit tombée ?

Le policier perçut un faible rire à l'autre bout du fil.

— On voit que vous ne le connaissez pas ; son audace est sans limites... Non, en plein jour, et dans un des endroits les plus fréquentés de la capitale : la place du Châtelet, aujourd'hui à quatorze heures !

— Quoi... À deux pas du quai des Orfèvres ? Il ne manque pas de culot !

— ... La place possède une autre particularité, reprit Méandre. La fontaine des quatre sphinx... Le Parcours égyptien...

— Nom d'un chien ! Vous avez raison !

Phalène leva les yeux vers la pendule murale.

— Vous avez dit quatorze heures ?

— Oui. La frousse me vrille l'estomac, mais je dois y aller. L'affaire dépasse largement ma petite personne. Si jamais j'en réchappe...

— Nous ferons tout pour ça, monsieur Méandre ! Vous irez à votre rendez-vous, c'est entendu, mais vous n'y serez pas seul, je vous le garantis !

En cette fin de siècle, l'agglomération parisienne avait littéralement éclaté par-delà les frontières oubliées de l'ancienne ceinture, mais la place du Châtelet pouvait encore revendiquer, relevé topographique à l'appui, le rôle de cœur stratégique. Sans aller jusqu'à soutenir que tous les chemins y menaient, on pouvait du moins affirmer que de nombreuses voies convergeaient vers ce périmètre plus que centenaire, celles du métropolitain incluses, lesquelles nouaient sous terre, à son aplomb, un tentaculaire réseau.

Prolongeant la place, le pont au Change enjambait la Seine jusqu'à l'île de la Cité, vaisseau pétrifié en plein fleuve où des milliers de fonctionnaires rendaient quotidiennement un double culte aux déesses de la Police et de la Justice.

La place proprement dite était de forme carrée. Sur la gauche en regardant l'eau, il y avait le théâtre de la Ville, ex Sarah-Bernhardt, avec, lui répondant à droite tel un dessus de cheminée monumental, le théâtre Musical de Paris. Outre un petit kiosque à journaux voisinant avec l'entrée du métro, le terre-plein central s'agrémentait d'un large bassin circulaire qui alimentait son régime par le truchement de quatre sphinx crachant un jet perpétuel. Les quatre statues étaient disposées en croix au bas d'une colonne triomphale surmontée d'une Victoire allégorique ailée et dorée. Cette colonne, érigée en 1808 pour célébrer les conquêtes de Bonaparte, ne formait plus, après cent quatre-vingt-huit ans, que le pivot central autour duquel tournoyait un carrousel de véhicules.

Il était 13 h 30. Le ciel, vide de nuages, essayait d'estomper par une mousseline de turquoise le disque blanc du soleil. Dédaignant l'absurde contrainte de l'heure d'été, le char d'Apollon culminait au zénith. Il gommait les ombres et oppressait de sa rayonnante indifférence les Parisiens en manches de chemise et les Parisiennes facilement reconquises par la mode des mini-jupes. Un Sénégalais, drapé dans son boubou, était assis, adossé au rebord de la fontaine. Sur un tapis de raphia étalé à même l'asphalte, il proposait en pure perte à de rares badauds un assortiment convenu de fétiches et de bibelots d'origine africaine.

Les quelques habitants de la place tentaient de se

soustraire à la canicule derrière leurs stores baissés, tandis que les employés du quartier profitaient de la pause de midi pour occuper les terrasses des cafés. Juilletistes maniaques du teint cuivré, ils s'évertuaient à prolonger avec une touchante obstination l'évanescent bronzage de leurs vacances.

Un couple appartenant notoirement à cette catégorie marivaudait devant l'étalage d'un bouquiniste sur le quai de la Mégisserie. Il entrecoupait ponctuellement son ramage d'étreintes passionnées. Non loin, un jeune homme efflanqué regardait les livres d'occasion en se déhanchant aux rythmes syncopés d'un walkman. Un vieillard appuyé sur sa canne attendait le feu rouge pour traverser. Considérant les amoureux et le benêt contorsionniste, il balança la tête de gauche à droite avec un air désabusé. Inutile de pratiquer la transmission de pensée pour deviner que dans son cerveau septuagénaire s'inscrivait ces deux mots : « Pauvre France ! ».

Un gros fourgon déboucha du boulevard de Sébastopol et bifurqua dans la courte avenue Victoria. Il ralentit et vint se garer devant le théâtre Musical. Des déménageurs en descendirent et allèrent ouvrir la double porte arrière pour décharger les décors, costumes et accessoires de *L'Auberge du Cheval blanc* que l'on allait incessamment représenter en ces lieux pour la deux mille sept cent trente-cinquième fois depuis sa création. La circulation se caractérisant par une extrême fluidité, ce manège ne suscita aucun concert intempestif d'avertisseurs.

À l'opposé de la place, devant le café dit *Le Mistral*, un autre camion, à plateau ouvert, celui-là, se tenait à l'arrêt. Les livreurs allaient et venaient, charriant sur leurs robustes épaules des caisses de bière et de soda. Cette esquisse de trafic clairsemé eût été incomplète si on avait omis de signaler deux camionnettes publicitaires évoluant au ralenti dans une ronde lancinante autour du terre-plein. Elles annonçaient à grand renfort d'affiches placardées sur leurs flancs la reprise prochaine de *The Egyptian Queen*, le film qui, trois ans plus tôt, avait consacré le talent de Cassandra Flown. Les distributeurs s'accommodaient au mieux de la tragique actualité... Il n'y avait pas de petits profits ! Mis à part le traditionnel pandore désœuvré, affecté là pour surveiller ce semblant de circulation, on ne décelait aucune présence policière... En apparence, faut-il le dire ! Comment Phalène eût-il pu endosser l'écrasante responsabilité d'abandonner son témoin à la merci de l'impitoyable criminel ? Oh ! Pour ça, il n'avait pas laissé traîner les choses ; dès midi, la pièce avait été écrite, et les rôles distribués... Méandre tiendrait celui, tout indiqué, de la chèvre, virtuellement attachée au piquet de la fontaine aux sphinx. L'assassin ferait le tigre, et la police, omniprésente quoiqu'invisible à son affût, le chasseur.

Dans cette clairière ensoleillée de la jungle urbaine, le piège était d'ores et déjà tendu. En effet, si les camions présentaient un incontestable cachet d'authenticité, ses conducteurs habituels avaient été remplacés au pied levé par des pensionnaires de la Grande Maison... pareillement les livreurs de limonade et les déménageurs de décors.

Le fourgon banalisé dont ces derniers étaient l'industrieuse émanation n'hébergeait-il pas entre ses flancs un véritable centre opérationnel ? Installés devant des écrans de télé diffusant des images de l'extérieur, Frusquint et Phalène restaient en contact radio constant avec les policiers-consommateurs attablés aux terrasses, sans oublier ceux qui, relégués derrière leurs persiennes, le fusil à lunette à portée de main, épiaient à la jumelle cette animation citadine en trompe-l'œil.

Au-dehors, qui aurait pu deviner dans le vieillard réprobateur des mœurs du temps le divisionnaire à la retraite Carabut, remobilisé pour la circonstance... et dans le benêt famélique l'inspecteur Marchepied, frais émoulu de l'école de Police ? Les amoureux en goguette, eux pouvaient marivauder en tout bien tout honneur et s'embrasser fougueusement sans heurter la morale, car, commissaires Monthavon et Pedranicci pour l'état civil, ils entamaient en cet été flamboyant leur neuvième année d'éternelles fiançailles... Quant au marchand de gris-gris à la sauvette dont les regards furtifs semblaient guetter l'apparition inopportune de képis, il s'agissait tout bonnement du lieutenant-colonel Sembélé, un as de l'anti-gang !

Un tel luxe de précautions ravalait la probabilité de l'échec au rang d'une vue de l'esprit ; il ne faisait en effet de doute pour personne que si l'assassin commettait la folie de se manifester, cette tentative marquerait la fin de ses douteux exploits. Afin de parer, toutefois, à la funeste éventualité d'une intervention désespérée de sa part, une ambulance stationnait hors de vue, derrière le pâté de maisons formant l'angle de la rue Saint-Denis et de la rue de Rivoli.

Cent cinquante mètres plus loin, sur la rive opposée, l'homme se tenait accoudé à la rambarde de pierre bordant le fleuve sur fond de Tribunal de Commerce. À sa gauche, de l'autre côté du boulevard de la Cité, les tours pointues du Palais de Justice accusaient l'azur de leurs piques. Par-delà les verres foncés de ses Ray-Ban, l'homme embrassait la perspective arquée du pont au Change jusqu'à la fontaine aux sphinx.

Il eut un sourire de commisération à la vue de ce spectacle à grande figuration dont on espérait naïvement qu'il serait la dupe. Chapeau de jean délavé tombant sur les lunettes, pantalon-bermuda de toile effilochée, chemisette bariolée à manches courtes, Nikon sur l'abdomen voisinant avec une cellule posemétrique, il incarnait à merveille un de ces touristes anodins, momentanément égaré du troupeau de ses congénères. À la différence de ceux-ci, pourtant, l'homme n'était descendu en ville ni pour flâner ni pour visiter ; mécanique désormais bien rodée du meurtre en série, il se proposait dans le quart d'heure d'effacer un de ses semblables de la liste des vivants. Il flancherait d'autant moins à l'instant suprême de la mise à mort qu'il se sentait légitimement investi de ce droit exorbitant.

Deux heures moins dix. Luc Méandre déboucha du quai de la Mégisserie d'un pas qu'il essayait de rendre tranquille. Il portait un complet léger de bonne coupe, une chemise ouverte au col et des mocassins de cuir clair. Son visage rasé de frais paraissait soucieux mais non angoissé.

En le voyant traverser la chaussée pour accéder au terre-plein, les policiers connurent une imperceptible seconde de flottement. La « chèvre », elle, se positionna alors à l'endroit qui lui avait été assigné, bien en vue devant la fontaine, face à la Seine. Sembélé tenait son étal à deux mètres de lui.

Pour tromper l'attente, Méandre marcha un peu de long en large, puis il s'immobilisa pour consulter son bracelet-montre et allumer une cigarette. La proie était en place. De l'autre côté du pont, le meurtrier observait le manège avec attention. Le moment de vérité approchait. Scrutant la place au-delà du fleuve, il tendit sa cellule posémétrique en direction du sommet du théâtre de la Ville. Sa main voyagea ensuite vers le toit de l'autre théâtre.

Pour un observateur non averti, il représentait à n'en pas douter le prototype du maniaque de la photographie, calculant les divers paramètres afin d'obtenir la prise de vue idéale. La cellule, en fait, n'en était pas une. Elle se présentait comme un objet plat, à peine plus volumineux qu'une tabulette de commande à distance. l'homme picota d'un index résolu le minuscule clavier, puis exerça une pression du pouce sur un bouton latéral, ce qui entraîna à l'avant du boîtier l'éclosion d'une fine antenne télescopique. Une touche de couleur rouge tranchait au milieu des autres que le meurtrier s'était bien gardé, pour lors, même d'effleurer. Ses traits se durcirent. Là-bas, la vie continuait dans sa quotidienneté factice.

À l'horloge de la Conciergerie, la grande aiguille épousa la verticale des changements d'heure, tandis que l'extrémité de la petite s'accrochait au chiffre deux.

Il pressa la touche fatidique sans trembler. Instantanément, chacun ressentit au plus profond de soi le choc d'un univers en bascule. La place entière s'embrasa d'une lumière si crue, si aveuglante, que le monde aurait pu croire avoir vécu jusque-là dans le confort ouaté d'une pénombre propice. Le soleil révélait enfin son vrai, son irregardable visage ! Si le meurtrier avait tourné la tête au bon moment, c'est qu'il n'ignorait rien des conséquences de son geste. Par télécommande, il avait fait sauter les volets masquant les miroirs lenticulaires orientables fixés la veille par ses soins aux paratonnerres des deux théâtres. L'installation de ce dispositif n'avait posé aucun problème : mardi, jour de relâche... Et le prétexte tout trouvé d'une livraison de tel ou tel accessoire de dernière minute auprès d'un personnel de remplacement qui, par définition, n'était jamais au courant de rien. Comme d'habitude, l'irresponsabilité des uns et la vénalité des autres avaient joué en sa faveur. Il ne suffisait en somme que d'un minimum d'audace dans le comportement et de conviction dans le souci du détail – déguisement ou autre – pour s'introduire partout comme dans un moulin. Or d'audace et de conviction, l'assassin ne manquait certes pas.

Il s'en alla comme il était venu, par le boulevard

du Palais, abandonnant à l'amertume ceux qui, dans leur déraison, avaient pu caresser l'idée saugrenue de vouloir contrarier l'inéluctable.

Sur la place, la lumière revenait peu à peu à la normale. Le soleil avait continué sa course, et les miroirs, dorénavant immobiles, ne répercutaient plus ses rayons qu'avec une ardeur atténuée.

Au milieu de l'embrasement général, les policiers qui, les premiers, avaient localisé les deux relais d'irradiation, étaient montés sur les toits. Ils obstruaient à présent les miroirs avec des matériaux de fortune. Une démolition pure et simple aurait pu être envisagée, mais la procédure judiciaire leur faisait une obligation de maintenir autant que possible en l'état toute pièce à conviction, en particulier la plus insolite.

En bas, ceux qui avaient eu la chance de n'avoir pas été frappés de cécité passagère – douloureusement prolongée pour certains – constataient l'étendue de leur échec. Nouvellement sortis de l'obscurité protectrice de leur fourgon, Phalène et Frusquint furent bientôt près du corps. Méandre – ce qu'il en restait – était, hélas, entièrement carbonisé. Son complet de fibres synthétiques avait dû s'enflammer en un clin d'œil sous les feux croisés des miroirs.

Bien entendu, tout recours au matériel médical et chirurgical aurait été inopérant pour le rappeler à la vie. Parachevant l'abominable perfection de son forfait, l'assassin n'aurait eu garde d'omettre sa signature. L'asphalte se ressentait encore de la morsure acérée des rayons mortels ; on pouvait y lire les deux lettres fumantes composant le mot RÂ.

LES LUEURS DU CRÉPUSCULE

Le capitaine Nox aspira une profonde bouffée de sa double pipe et expulsa au-dessus du fauteuil vide – et cependant occupé par son alter ego – un volumineux nuage de fumée.

– ... Après Sebek, le dieu-crocodile, Nephtys, l'ondine fatale, Sokar, le maître du royaume des ombres et Khâris-Antef, l'infaillible archer des pharaons, le meurtrier s'est donc annexé Râ, la divinité solaire... Riche idée, soit dit en passant, de détourner l'astre du jour à des fins homicides ; mais c'est égal, Phalène, vous avez été d'une incroyable légèreté en permettant à Méandre d'aller à ce rendez-vous.

L'inspecteur, accablé, courba un peu plus l'échine.

– Comment aurais-je pu l'en empêcher ? Il était si fermement déterminé à s'y rendre ! D'autre part, toutes les mesures avaient été prises pour éviter le pire...

– ... Le pire est advenu, néanmoins. Vous vous attendiez trop à un crime « ordinaire », voilà le drame. À la lumière des faits antérieurs, vous auriez pourtant dû savoir que l'assassin ne travaille que dans l'inédit, le sensationnel, le jamais vu !

– D'accord, soupira le policier ; j'ai fait preuve d'un manque total de discernement.

– Trêve de mortification ! Vous avez cru agir pour le mieux. Du reste, aurais-je pu moi-même prévoir l'imprévisible ?

– Vous ? Oh ! Je suis bien tranquille...

– Ne me surestimez pas, mon ami. Si je vous avouais le temps que j'ai passé à obtenir un début d'explication...

Phalène sursauta.

— Ah ! Parce que vous avez un début d'explication ? De notre côté, c'est toujours le noir complet.

— Le fait d'avoir le nez sur ces multiples affaires vous aveugle. Vous avez besoin d'un œil neuf.

L'inspecteur haussa un sourcil narquois.

— « L'œil neuf » daignera-t-il livrer le fruit de ses réflexions ?

— Vous risquez d'être déçu. Enfin, si vous y tenez ; cette entaille dans le mystère vous consolera peut-être d'avoir manqué la confession de Méandre.

— Dites toujours, se résigna Phalène. Faute de grives...

— Soit. Posons d'emblée comme postulat que cette série de crimes spectaculaires possède une cohérence intrinsèque. La préméditation est évidente, et exclut par conséquent l'acte irraisonné. Attention, j'ai dit irraisonné, pas déraisonnable... Une fois admise cette vérité de La Palisse, une question nous sollicite aussitôt à propos des victimes : quel pourrait être le lien unissant un gros entrepreneur, un potamophile excentrique, une star en renom, un égyptologue distingué et un fils de famille sans ressources, si nous écartons le fait qu'ils appartenaient à une classe élevée... et qu'ils périrent d'une mort insolite ?

— ...

— Non, non ! protesta Nox, je ne vous ferai pas l'injure de croire que vous ne vous êtes pas longuement penché sur le problème...

— C'est peu dire que nous l'avons fait ! Mais excepté les points d'évidence que vous venez de souligner...

— Peut-être n'êtes-vous pas remontés assez loin dans vos investigations... Voyons ! s'anima le détective, pourquoi ces meurtres « à l'antique », ces meurtres « égyptiens » ? Pour suivre le goût du jour ? Ce serait pousser la frivolité en ses ultimes retranchements ! Or, disons-le, ce trait de caractère me paraît incompatible avec la pathologie du tueur... Alors, je me suis interrogé : et si la clé de l'affaire se trouvait tout simplement à la source ?

– Vous voulez dire en Égypte même ?

– Exactement. J'ai exhumé de vieux journaux, de vieilles revues, et de fil en aiguille, en reliant A à B, B à C et ainsi de suite jusqu'à Z, j'ai fini par débusquer le lièvre ! Il m'a fallu revenir quatre années en arrière pour localiser en lieu et date le point de rencontre de nos chers disparus... Reportons-nous donc, si vous le voulez bien, dans la bonne ville du Caire au printemps de 1992. Qui trouve-t-on là, inscrits au registre du plus prestigieux hôtel du site de Gizèh, *Mena House* ? Je vous le donne en six...

– Nos victimes ! devina Phalène qui, sous l'œil malicieux du détective, eut le réflexe de compter sur ses doigts. Mais... Nox, elles ne sont que cinq...

– ... Pour l'instant ! Permettez... D'abord, il y a Falconnier-Bussac. Celui-là a les meilleures raisons d'occuper le terrain : n'est-il pas le maître d'œuvre du prolongement de la ligne de métro dont un premier tronçon fut inauguré en 1987 ? Son associé, Charles Méandre, lui, est resté à Paris, mais il a délégué auprès de Bussac son fils, Luc, qui ne bougera pas du Caire avant la fin de l'été. Jésophan Quimp est là aussi. Amateur passionné de cours d'eau, il négocie avec les autorités concernées l'autorisation d'effectuer des prélèvements en différents points du Nil. Un dont la présence s'avère on ne peut plus justifiée est assurément Christian Delubac, auteur réputé d'innombrables ouvrages sur l'Égypte pharaonique, et notamment de celui intitulé *La Méthode Champollion*. Il vaque toute la journée à ses relevés paléographiques en extérieurs et ne regagne l'hôtel que le soir venu. Une autre de nos connaissances fait également des extérieurs, mais cinématographiques : Cassandra Flown qui tourne à cette époque *The Egyptian Queen*. Travail astreignant s'il en fut, mais voilà qu'entre deux prises de vue, elle rencontre Alexis Grandville. C'est le coup de foudre réciproque, lequel aboutira peu après au mariage. Grandville père est également présent à l'appel en tant que conseiller artistique du film ; toutefois, ses affaires le rappelant très souvent à Paris, il obtiendra que son fils le remplace à chacune de ses absences. S'établira ainsi une sorte de roulement qui assurera sur place la permanence de la dynastie Grandville. À la lecture des gazettes spécialisées, un fait est à noter : le père se montrera curieusement plus assidu que son rejeton auprès de la belle Cassandra... Oh ! Ne vous méprenez pas ; je ne veux aucunement insinuer à l'instar des dites gazettes qu'il était sensible aux charmes de la jeune femme au point de se poser en rival de son fils... Non. Son inclination obéissait à d'autres motifs. Qu'il eût été comédien dans sa jeunesse les rapprochait, certes, mais outre cela, le vieil homme adhérait sans réserve, à la différence de son héritier, aux thèses mystiques défendues par l'actrice. Ces thèses avaient d'ailleurs fini par cimenter étroitement ce groupe de six individualités disparates que les hasards de l'existence avaient fait se croiser là. Est-ce l'ambiance de magie, apanage de cette contrée millénaire, qui leur tourna à tous la tête et leur révéla des préoccupations métaphysiques qu'eux-mêmes ne soupçonnaient pas ? Est-ce un autre élément ? Quoi qu'il en fût, ils décidèrent d'un commun accord de jeter les bases d'une organisation religieuse, une secte, si vous préférez, décision assortie de la promesse de se retrouver ponctuellement une fois remplies leurs obligations professionnelles. Fidèles à cet engagement, ils s'y conformeront par la suite en se réunissant chaque mois à Paris, point de chute originel de la plupart d'entre eux.

– Êtes-vous certain de ce que vous avancez, Nox ?

– Pour ça, aucun doute : ils étaient bien au Caire tous les six en même temps. J'ai personnellement téléphoné aux réceptionnistes de *Mena House* pour qu'ils consultent leurs fiches d'il y a quatre ans.

– Non, je veux dire au sujet de la secte...

– Aucun doute non plus. Il ne s'agit d'ailleurs nullement de ce qu'il est convenu d'appeler une société secrète ; le siège a pignon sur rue et son adresse figure dans l'annuaire. N'avez-vous jamais entendu parler du Kronos Club ?

– Très vaguement. Une confrérie d'adorateurs du Temps, je crois... Elle doit être archivée chez nous au même titre que les autres sectes de ce type. Mais comment avez-vous fait le rapprochement entre nos six... nos cinq victimes, et le Kronos ?

– Là, je dois confesser que j'ai été grandement secondé par le hasard, cette providence des détectives amateurs...

Nox préleva d'une pile de revues défraîchies un exemplaire vieux de deux ans du mensuel économique l'*Expansion*. Il en sélectionna une page marquée d'un signet, et le transmit, ouvert, à son « vis-à-vis ». L'article s'inscrivait dans le cadre d'une rubrique intitulée « Nos P.D.G. à domicile », et se déployait sur trois doubles abondamment illustrées. L'hôte du journal, ce mois-là, n'était autre que Régis Falconnier-Bussac. Phalène tourna les pages et reconnut, plastronnant sur les photos, la première victime du Parcours égyptien. L'entrepreneur s'y répandait dans tous les actes de sa vie domestique, jouant au golf, dînant en ville, recevant chez lui, rue de Vaugirard ou dans sa fastueuse demeure de Vallandry, la meilleure société.

– Je n'ignore plus rien de la vie mondaine de R.F.B., ironisa Phalène en faisant le geste de poser le magazine.

– Pas si vite ! Regardez mieux...

Le policier obéit et s'offrit une deuxième revue de détail.

– Je ne vois toujours pas.

– Je vous taquine, avoua Nox. Vous ne pouvez pas deviner, quoique... Examinez quand même attentivement cette photo. Oui, celle-là, la plus grande, qui introduit le reportage...

Le cliché montrait le P.D.G. au milieu d'une élégante assistance d'hommes en smoking et de femmes en robe du soir. Affectant d'écouter un gros Japonais hilare, Bussac se tenait négligemment accoudé au rebord d'une cheminée de marbre blanc.

– ... Un sourire de carnassier, cruel, impitoyable, observa l'inspecteur.

– N'est-ce pas ? approuva Nox. Autant essayer d'attendrir par des caresses le contrefort d'une paire de chaussures neuves ! Ce meurtre est probablement le plus explicable par la personnalité de la victime.

– Suis-je censé reconnaître quelqu'un dans cette foule ?

– Quelqu'un, non ; mais quelque chose... Quelque chose dont, étrangement, vous m'avez parlé sans l'avoir jamais vu...

– L'objet ! L'objet manquant !

– Vous y êtes...

– Sur la cheminée !

– Oui !

– La pendule !

– Voilà !

Saisissant la loupe qui traînait sur la table basse, Phalène isola la surface révélatrice de la photographie. Pour ce qu'il pouvait en voir, le cartel se composait de quatre cadrans disposés en losange – le plus large au-dessus – et supportés par un couple de Titans musculeux. L'ensemble combinait dans la surcharge baroque de ses dorures l'intégralité des instruments miniaturisés de la mesure du temps.

S'agglutinaient ainsi pêle-mêle le cadran solaire des Chaldéens, l'horloge lapidaire des Hindous, la clepsydre hellénistique et le sablier romain.

– ... Or, marbre, nacre, vermeil, indiqua le capitaine. Je vous présente la légendaire *Universelle* d'Émile Grivoz, le maître-horloger de Besançon. Un des six exemplaires également admirables destinés dès leur conception au pavillon des Temps Futurs de la Grande Exposition de 1889. Celui-ci ne fut, hélas, jamais monté faute de crédits, et ces merveilles tombèrent dans les oubliettes de l'Histoire... Certains les croyaient même englouties avec le Titanic !

– Il semble que vous les ayez retrouvées !

– En partie, Phalène, en partie ! Un regard glissé à la dérobée dans une petite pièce au domicile de Quimp m'a instruit qu'il était détenteur d'un des sextuplés... avant de s'en voir dessaisi entre ma visite et la vôtre ! Coïncidence étrange : à la minute où nous parlons, celui de Falconnier-Bussac n'est plus à sa place sur la cheminée... Je tiens l'information des domestiques de Vallandry.

– Nox... Se pourrait-il qu'un banal détournement de pendules soit à l'origine de ces meurtres épouvantables ?

– Ma foi, il est patent que ce lot inestimable possède toute qualité pour tenter un malfaiteur d'envergure, mais à la réflexion, je ne m'en ressens pas pour cette théorie. À mon avis, ces disparitions en cascade tendent plutôt à démontrer une volonté délibérée d'effacer les indices conduisant au Kronos Club. Bien entendu, il m'apparut très vite que l'escamotage de cinq pendules aussi reconnaissables chez autant de victimes du Parcours – n'oublions pas celles de Cassandra Flown et de Delubac, auxquelles il convient d'ajouter très vraisemblablement celle de Luc Méandre – ne pouvait être fortuit. Le lien avec le Temps était dès lors manifeste. De là à sauter la case Kronos...

Phalène se renversa dans son siège.

– Après le meurtre en chambre close, nous voilà confrontés à un autre casse-tête : identifier un tueur impitoyable acharné au démembrement systématique d'un groupe structuré.

– Je ne l'aurais pas mieux défini ! En l'occurrence, les hypothèses sont nombreuses, mais non illimitées. Retenons d'abord celle de la vengeance extérieure : quelqu'un ayant eu à souffrir des agissements de la secte supprime méthodiquement chacun de ses dirigeants. Je ne l'écarte pas a priori. Beaucoup plus subtile est celle de meurtres apparemment gratuits, mais en fait minutieusement agencés, afin de mieux détourner l'attention des enquêteurs du seul d'entre eux susceptible de trahir les intérets et, par extension, l'identité de l'assassin. Ce que l'on appelle vulgairement « noyer le poisson ». Ne voyez là, bien sûr, aucune allusion désobligeante à la destinée subaquatique de ce malheureux Quimp !

Se piquant au jeu, l'inspecteur y alla de sa suggestion.

– ... N'oublions pas le membre félon qui, par ambition forcenée ou ressentiment grave, élimine ses propres collègues... de l'intérieur !

– En somme, la solution du nettoyage par le vide...

– ... Hypothèse séduisante ! s'enhardit Phalène ; qui nous conduit directement à considérer Grandville père comme le suspect numéro un. N'est-il pas le dernier de la liste ?

Nox eut une moue dubitative.

– Quoi... Malgré l'affection qu'il portait à Cassandra ?

– Il lui en portait peut-être trop !

– Évidemment, le réflexe passionnel n'est pas à exclure. Mais qu'adviendrait-il de cette théorie si par malheur l'hécatombe était conduite à son terme ?

– Je n'y vois qu'un seul avantage : celui d'innocenter définitivement Grandville... À quel prix pour lui !

– ... Et si l'assassin était assez machiavélique pour nous faire croire à son propre trépas ? Qui aurait l'idée saugrenue de soupçonner un cadavre ? Je pense aux victimes dont le corps fut, de l'aveu même des témoins, peu identifiable lors de sa découverte. Falconnier-Bussac, broyé...

– Non, non, il s'agit bien de Bussac. L'examen dentaire *post mortem* l'a formellement démontré.

– ... Ou Luc Méandre, carbonisé au dernier degré.

– Ah ! Oui, Méandre. Selon vous, son corps rendu méconnaissable n'aurait été qu'un cadavre de substitution ?

– Faute d'informations complémentaires, je ne puis me prononcer ; toutefois, d'après ce que vous m'en avez dit, la lumière était si intense, au Châtelet, que ce tour de passe-passe n'a rien d'inenvisageable... Je connais personnellement assez bien l'endroit pour savoir qu'il y existe toutes sortes de trappes dont la présence n'est aucunement déplacée dans le décor urbain. Celle abritant les canalisations de la fontaine, notamment. Avez-vous pensé à regarder là ?

– Non, je l'avoue. Mais quoi qu'il en soit, nous n'aurons la réponse à cette présomption qu'aux résultats de l'autopsie... une autopsie difficile étant donné l'état dans lequel ce malheureux...

– Nous en sommes là, se résigna Nox en écartant les bras.

– Mais c'est un pas de géant ! s'insurgea Phalène. Quand je pense que vous osiez prétendre que je risquais d'être déçu !

– Moi, je reste déçu. Je ne discerne toujours pas le mobile caché... Au fait, que cela ne vous empêche pas de transmettre sans arrière-pensée le fruit de mes cogitations à vos supérieurs. Sans me citer, bien entendu.

– Une belle injustice !

– Bah ! Que la gloire de cette démonstration simplette rejaillisse sur vos services ou sur ma modeste personne, quelle importance ?

– Une démonstration simplette ?... Ce chef-d'œuvre de logique !

– Modérez votre enthousiasme ! Car enfin, que savons-nous d'autre, en définitive, à part que ces meurtres ne sont pas le fait d'un dément ?

– ... Sans doute, mais avouez quand même qu'il faut être un brin détraqué pour estourbir ses contemporains d'une manière aussi biscornue !

– Que voulez-vous, conclut Nox, fataliste, chacun tue le Temps à sa façon...

LE MAÎTRE DU SIÈCLE

Alexis Grandville père se présenta dans les locaux de la Police judiciaire le lendemain à 15 h 45. Il ne répondait pas, ce faisant, à une convocation en bonne et due forme – le temps eût manqué pour cela –, mais à l'invitation pressante que Phalène lui avait notifiée le matin même par téléphone. Frusquint, certes, faisait une absolue confiance à son subordonné, et il entendait bien le laisser libre de conduire l'interrogatoire à sa guise ; il avait insisté néanmoins, afin d'éviter des retombées diplomatiques toujours possibles, pour que celui-ci se déroulât dans son bureau. Grandville, après tout, n'était pas le premier venu. Lorsque les deux policiers virent entrer le vieil homme, ils ne purent s'empêcher d'anticiper aussitôt, par réflexe conditionné, l'issue de l'entretien. Quel serait alors le statut de Grandville ? Témoin capital, suspect numéro un, coupable avéré, victime potentielle ? Rien, dans le maintien digne de ce personnage au masque buriné par les ans et l'expérience, n'autorisait encore un quelconque pronostic.

– Asseyez-vous, monsieur Grandville, invita Frusquint.

Le vieillard obtempéra avec lenteur, comme quelqu'un souffrant de rhumatismes. Cette réserve faite, il paraissait dans une excellente forme pour ses soixante-douze ans. Phalène prolongea son examen en recensant les traits communs du père qu'il avait devant lui, et ceux du fils, rencontré quelques jours auparavant. Grandville senior était certainement aussi découplé que son héritier, mais une sensible voussure le faisait paraître plus ramassé. Plus maigre, plus sec aussi, encore que sous la veste entrouverte du complet de tweed, le gilet laissait entrevoir un semblant d'embonpoint. Nœud papillon discret, bottines à guêtres, l'illustration parfaite d'un chic tombé en désuétude. Le visage était ouvert : regard noisette sous une paire de sourcils fournis, le nez droit, la bouche régulière, les pommettes accusées. Au-dessus du front, la trame impeccablement lustrée de cheveux blancs tirés vers l'arrière ne rappelait que de très loin la houle savamment désordonnée qui ornait le crâne du fils, mais ces quelques différences mises à part, on ne pouvait être que frappé par un flagrant air de famille. La main droite, longue et soignée, caressait le pommeau d'une canne figurant une tête de chacal. Pas plus Frusquint que Phalène n'aurait pu se piquer de connaître à fond la mythologie égyptienne – bien que l'assassin se fût bénévolement chargé de leur apprentissage accéléré... Ils n'identifièrent pas moins dans l'ornement d'ivoire le museau allongé et les oreilles dressées du dieu Anubis.

– Si je comprends bien, vous m'avez convoqué pour interrogatoire, commença Grandville d'un ton neutre.

– Oh ! Un interrogatoire ! se récria Frusquint avec un soupçon d'obséquiosité. Nous avons pensé que vous pourriez nous fournir quelques renseignements, voilà tout...

Phalène intervint avec une conviction nettement plus marquée.

– Convenez, monsieur Grandville, que les victimes du Parcours égyptien sont loin d'être des inconnues pour vous...

– Le fait est. Je m'attendais du reste, depuis mon retour, à une convocation de vos services.

– Vous étiez donc en voyage.

– Oui, à Bucarest, pour mes affaires. J'ai pris connaissance de ces meurtres épouvantables par les journaux locaux. L'assassin est devenu là-bas aussi une véritable vedette. « Multitude cruelle et versatile », cita pompeusement le vieillard, « les martyrs ne sont pour toi que des créatures de papier... »

— Vous les connaissiez toutes les cinq...

— C'étaient même des intimes. Nous nous étions rencontrés au Caire, voici quelques années, et nous avons très vite sympathisé autour de centres d'intérêt communs.

L'inspecteur monta à l'assaut.

— Si vous nous parliez du Kronos Club ?

— Ah ! Vous êtes au courant, répartit Grandville sans se démonter. Eh bien, il n'y a rien à cacher ; ce n'est pas une organisation secrète...

— ... Un peu discrète quand même !

— Ni plus ni moins que les autres confréries adoratrices de ceci ou de cela. Si nous apparaissions à nos membres, en tant que directeurs, le visage dissimulé, ce n'était pas pour sacrifier à je ne sais quel rituel folklorique. D'inévitables indiscrétions auraient filtré dans le cas contraire qui n'eussent pas manqué de compromettre gravement l'image de marque de plusieurs d'entre nous. Me voyez-vous par exemple, traitant mes affaires, publiquement affublé des titres de maître du Siècle et de grand-prêtre de Kronos ?

Il faut croire que Grandville était en mal de confidences, puisque, poussant plus loin l'analogie, il se mit à développer sans réticence l'organigramme complet du club.

— Donc, vous, c'était le Temps... le dieu Temps, résuma Frusquint, pratique.

— Ça l'est toujours en ce qui me concerne... La violence aveugle des impies n'a point altéré ma foi ! Songez à mes pauvres amis, prématurément emportés dans le tourbillon de Kronos...

— Kronos a bon dos, railla l'inspecteur ; car ils y furent proprement expédiés, dans son tourbillon !

— Que puis-je vous dire ?

— La coïncidence ne vous frappe donc pas ? Tous

les fondateurs de votre club, vous excepté, ont disparu tragiquement.

La main du vieillard se crispa sur le pommeau de sa canne.

– Sachez, messieurs, que je m'attends sans peur ni crainte à les rejoindre d'un jour à l'autre !

– Eh bien, ça, pour du fatalisme ! s'exclama Phalène.

– Auriez-vous l'outrecuidante vanité de vous croire éternel, mon jeune ami ?

– Non, certes, mais il y a plusieurs sortes de morts : mort naturelle, mort accidentelle... et mort provoquée !

– Bah ! Pour l'intéressé, où est la différence ? D'ailleurs, à mon âge...

Le rouge du téléphone s'alluma à ce moment. Frusquint décrocha et aboya un allô. Il écouta brièvement, puis tendit le combiné à son subordonné.

– C'est pour vous. Casamance...

– J'écoute.

– J'ai tes résultats, mon vieux. Le rapport d'autopsie est formel : le cadavre du Châtelet est bien celui de Méandre.

– Merci.

Phalène reposa l'appareil et revint à Grandville.

– Vous êtes résigné à votre sort. Fort bien. Question : votre religion vous interdit-elle de nous faire part des soupçons que vous pourriez entretenir au sujet d'un coupable éventuel ?

– Oh ! Nullement... De toute évidence un dément, un fanatique que notre culte dérange, et qui entend, dans son incohérence criminelle, s'opposer au règne inéluctable de Kronos.

– Il existe une autre possibilité, louvoya l'inspecteur.

– Laquelle ? demanda le vieil homme.

– ... Que l'assassin ne soit pas étranger à votre club !

– Je ne vous suis pas...

– Je suppose que le Kronos, comme toute organisation structurée, possède un capital, ne serait-ce que pour couvrir ses frais de fonctionnement...

– Cela va de soi. La plupart des membres fondateurs sont, je veux dire étaient, des gens plus qu'à l'aise. Nous avions tous investi une fraction non négligeable de notre avoir dans l'association.

– Et ce capital, en cas de décès de cinq membres sur six, à qui revient-il par héritage ?

– Mais comme dans toute famille étroitement unie : au dernier des vivants...

Il y eut un silence lourd de présomptions informulées.

– ... Attendez un peu, jeune homme. Êtes-vous en train de suggérer que j'aurais pu trucider mes amis ?

Frusquint qui se promenait derrière le témoin, ouvrit une bouche de carpe pour signifier à Phalène de ne pas aller trop loin.

– ... Je ne dis pas que cela soit, monsieur Grandville. Je dis seulement que cela appartient au domaine des possibilités ! Renseignement pris, les voyages aériens Paris-Bucarest et retour peuvent s'effectuer dans la journée...

Le commissaire rentra sa tête dans les épaules et grimaça une mimique angoissée. Une manière de se déclarer prêt à essuyer l'inévitable flot de récriminations préludant la non moins traditionnelle menace de recours à une cohorte d'avocats. Contre son attente, il n'eut droit qu'à un éclat de rire.

– Quoi... vous voudriez que j'aie tué... que j'aie tué pour de l'argent... Alors que moi-même j'ignore le montant de ma fortune !

– L'argent est un mobile de meurtre parmi beaucoup d'autres, laissa tomber Phalène, évasif.

Il sortit une photocopie pliée en quatre de sa poche et la déploya sous le nez de Grandville.

– Reconnaissez-vous cet objet ?

– Oui, bien sûr ; c'est un des six cartels de Grivoz. Un lot splendide. J'en ai personnellement fait l'acquisition au nom du Kronos Club lors d'une vente aux enchères chez Christie, voici deux ans. Mes rabatteurs de New York m'avaient signalé l'occasion... Chacun de nous, depuis, en possède un par-devers lui.

– En possédait ! corrigea Phalène. Les pendules de vos cinq amis ont disparu peu avant leur mort, comme si cela avait été un signe...

– ... Et vous me soupçonnez d'avoir tué pour me les approprier ?

– Je ne dis pas cela...

– Mais vous pensez, là encore, que c'est une possibilité...

– ...

– Voyons, réfléchissez un instant ; ces pendules avaient pour nous valeur d'objets de culte et appartenaient en tant que telles au patrimoine commun du Kronos. Pourquoi aurais-je commis la folie de détourner par avance ce qui, à supposer que je sois coupable, me serait revenu tôt ou tard par héritage ? Je ne puis être à la fois l'assassin et le voleur. Il faut choisir !

L'inspecteur laissa échapper un soupir de lassitude.

Au jeu du chat et de la souris, il avait l'impression désagréable d'être devenu le rongeur. Le vieillard disposait en outre d'un argument massue apte à étayer définitivement son innocence.

– ... Je vais d'ailleurs vous mettre parfaitement à l'aise et, par là même, achever de me disculper : sachez que ma propre pendule a disparu en mon absence !

Phalène chancela sous le coup de cette déclaration.

– Sombre présage ! s'écria-t-il théâtralement.

J'ai bien peur que vous ne soyez à votre tour en danger de mort !

– Ce danger pèse sur chacun de nous en permanence, rabâcha le vieil homme.

– Possible, trancha Frusquint, mais notre fonction nous fait un devoir de prendre la situation plus au sérieux que vous ne le faites. J'espère que vous ne verrez pas d'inconvénient à ce que nous exercions dès cette minute une surveillance discrète de votre domicile.

– De toute façon, renchérit Phalène, votre fils est là pour vous protéger, n'est-ce pas ?

– Justement non. Et à ce propos, je dois transmettre des excuses à l'inspecteur qui était venu l'interroger. Regardant Phalène dans les yeux : vous, peut-être ?

– Exact, confirma l'interpellé. Il m'avait en effet clairement exprimé son intention de ne pas quitter Paris...

– Cas de force majeure, plaida Grandville. Il a dû filer en catastrophe à New York pour négocier la vente de son Vulcain. Je lui ai téléphoné hier soir à son hôtel de Park Avenue. La transaction se présente plutôt bien... « Ne jamais faire languir un client potentiel », c'est une règle du métier !

– Péché véniel ! s'empressa Frusquint, cauteleux. (Redevenant grave :) Soyez tranquille, nous saurons prendre soin de votre personne.

Le témoin eut une moue sarcastique.

– Si cette vigilance s'exerce avec autant d'efficacité que celle dont a bénéficié Méandre...

Il venait de jeter une pierre – un rocher, plutôt – dans le jardin de la police.

– Hum ! Il n'y a pas d'assassin insaisissable, grommela Frusquint.

Grandville haussa les épaules et se leva.

– Si c'est tout ce que aviez à me demander...

– C'est tout, fit le commissaire avec une sécheresse contenue. Pour plus de sécurité, nous allons vous faire raccompagner.

– Serviteur, messieurs.

– Un étrange personnage, observa Frusquint une fois Grandville sorti.

– C'est le moins qu'on puisse dire ! Je ressens une impression bizarre. Cette sensation qu'il jouait avec nous...

– Il a l'air de croire mordicus à son Kronos, en tout cas !

– Eh bien, voyez-vous, patron, même cette ferveur ouvertement affichée ne m'a pas convaincu. Il me rappelle ces vieux acteurs qui chargent trop leur rôle...

L'inspecteur Leroy parut sur ces entrefaites.

– Excusez-moi, commissaire...

– On est au courant, se méprit Phalène. Le corps de Méandre a été identifié. Je lirai le rapport plus tard.

– Ce n'est pas ça, mon vieux ; Hadji Sélikmet et Gerda Pauwell ont disparu de la circulation. Fjuiiit ! Évaporés !

– Qui ? demanda Frusquint.

– Le factotum de Delubac et la secrétaire de Jésophan Quimp, expliqua Phalène.

– ... Tous les deux inconnus au service de l'immigration, ajouta Leroy. Mais il y a plus curieux : il n'existe aucun ressortissant belge correspondant au signalement de Gerda Pauwell... et pas plus de Hadji Sélikmet au fichier d'Ankara.

– Bon sang ! tonna l'inspecteur. Communique un avis de recherche immédiat à toutes les gares, aéroports et postes-frontières.

– Je m'en suis occupé, tu penses !

– Pas un mot aux médias, supplia Frusquint en retombant dans son fauteuil. Je les entends déjà parler de couple diabolique en cavale !

PROMENADE NOCTURNE

Nox sortit du Centre Beaubourg à 23 h 30 passées. Il venait d'assister au concert exceptionnel donné par le Philharmonique de Boston dans l'auditorium souterrain ordinairement voué aux délires cacophoniques de l'I.R.C.A.M. Les accords envoûtants de la Suite Fantasmatique de Bernard Herrmann résonnaient encore dans sa tête et il tentait d'en reconstituer mentalement les arabesques en les fredonnant pour lui-même.

Du haut de sa potence de métal, le cadran étiré du Génitron indiquait le nombre pharamineux de 105 144 438 secondes. Le dernier chiffre changea pour un sept, puis pour un six. Chez quel esprit tourmenté avait bien pu germer à la fin des années 80 l'idée saugrenue d'exhiber à la vue de tous ce lancinant compte à rebours, permanent rappel à notre décrépitude ? Nox l'ignorait. Ce qu'il savait, en revanche, c'est que l'horloge fatidique en ponctuerait inéluctablement les phases jusqu'à la fin du siècle. Pas exactement la fin du siècle, d'ailleurs, puisque les 105 144 422 secondes actuelles ne nous séparaient en fait que du 31 décembre 1999 à minuit, alors que l'entrée en vigueur du siècle nouveau se célébrerait officiellement à l'aube du 1er janvier 2001. Douze mois de décalage entre faux-semblant et réalité... Fidèles à une tradition bien ancrée de superficialité, les promoteurs de cet insidieux engin de torture avaient préféré marquer les esprits par un simple changement de millésime ; changement spectaculaire, il est vrai, car pour la première fois le 2 remplacerait le 1 sur les calendriers du monde occidental.

Le siècle, vingtième du nom... Dans un peu plus

de quatre années, il nous tirerait sa révérence, et le flot tumultueux des événements qui l'avaient émaillé appartiendrait définitivement à l'Histoire. On pourrait enfin en parler avec la nostalgie sereine, un brin condescendante, de ceux qui se penchent sur le siècle de Périclès ou sur celui Louis XIV. De quel titre affublerait-on ce capricieux centenaire ? Les choix, d'ores et déjà, ne manquaient pas, et pour peu que l'on eût souhaité décliner ses « qualités », à la manière du liftier d'un très hypothétique Grand Bazar de l'Éternité, on aurait pu le faire en ces termes : « Vingtième étage de l'Ère chrétienne... Conflits régionaux ou planétaires, génocides en tous genres, espérances déçues, révolutions avortées, avancées technologiques triomphales. »

« Un siècle à plusieurs visages, songea Nox. Nul doute, en effet, qu'il eût été davantage que ses prédécesseurs, tour à tour tragique et cocasse, sanguinaire et bon enfant, grotesque et pathétique, sublime et repoussant. »

Le capitaine détacha son regard du Génitron en spéculant qu'il se trouverait quelqu'un à la fin du vingt et unième siècle pour se livrer à des réflexions analogues... sous réserve, bien entendu, que l'espèce humaine ne se fût rendue auparavant à la fois coupable et victime de son propre anéantissement !

La douceur de la nuit invitait à la flânerie. Nox n'eut pas à cœur de rallier tout de suite son domicile. Il s'engagea donc résolument dans le boulevard de Sébastopol, et atteignit à peine trois minutes plus tard la place du Châtelet. Sur le terreplein, il contourna la fontaine aux sphinx et s'attarda un instant à l'endroit où Luc Méandre avait reçu le feu du ciel. Là-haut, incrusté dans le velours nocturne, un autre luminaire céleste avait supplanté Râ, le soleil des Égyptiens. Y trônait maintenant le croissant d'Ishtâr, l'astre révéré par un peuple de l'Antiquité qui s'affirmait le concurrent direct des premiers cités dans les manuels scolaires : les Assyriens, amoureux de la nuit autant que lui-même pouvait l'être, mais à sa différence, fascinés par les forces obscures... Son regard descendit d'un cran et se mit à voyager d'un toit à l'autre des deux théâtres. L'animation gagna la place sur ces entrefaites : l'ex Sarah-Bernhardt se vidait de son public, bientôt imité en cela par le théâtre National de la Musique.

Nox n'aimait pas la foule, à plus forte raison celle issue de la génération spontanée. Il revint sur ses pas. Sa Sigurd-Atlantis l'attendait rue de Rivoli. Il démarra, décidant de remettre la destination de sa promenade erratique entre les mains du hasard. Est-ce ce dernier qui lui fit traverser par deux fois la Seine pour l'amener boulevard Raspail ? Il n'aurait pu le certifier ; mais, bah ! Puisqu'il n'était qu'à un jet de pierre de la station Vaneau, autant pousser jusque-là. Il obliqua donc dans la rue de Sèvres et cala le moteur au bout du long mur de l'hôpital Laennec.

Une autre fontaine égyptienne de facture radicalement différente concluait cette enceinte, niche étroite abritant une sculpture debout, taillée dans le granite. Vizir, prophète ou pharaon, la figure était humaine, le visage fixe, les mains présentant en offrande deux amphores taries. Des statues... Cette étrange affaire en regorgeait littéralement ! Nox emboucha sa double pipe. Ayant amorcé la combustion de l'un et l'autre fourneau, il éleva la longue allumette vers le regard vide comme pour quêter une information. L'homme de pierre n'avait-il pas été témoin du premier meurtre ? Ne recevant aucune réponse, il descendit la flamme au bas de la margelle. Le mot Sebek y subsistait encore malgré les efforts des nettoyeurs. Le minuscule foyer lui lécha les doigts. Il jeta l'allumette dans le caniveau et rejoignit son véhicule. Puisque le hasard l'y incitait et que la tentation de regagner ses pénates ne le tenaillait pas outre mesure, pourquoi n'entreprendrait-il pas pour son compte, dans un sympathique désordre, le Parcours égyptien ? Entre Bastille et place des Vosges, il localisa l'appartement de Delubac. Demeuré au volant, il n'entrevit aucune lumière derrière les persiennes closes. Qu'espérait-il au juste ? Que le fantôme de l'égyptologue percé de son javelot les entrouvrît et l'interpellât pour lui crier la solution ? Il haussa les épaules et secoua la tête à plusieurs reprises comme un chien qui s'ébroue.

La voiture roula d'une traite jusqu'au XVIe arrondissement. La rue de la Pompe était le domaine de Jésophan Quimp, le seul protagoniste de cette ébouriffante tragédie en cinq actes qu'il eût connu vivant. Cette fois, il ne s'arrêta même pas au bas de l'immeuble, fût-ce pour évoquer le spectre bondissant du potamophile ou le physique abrupt de sa femme de charge. L'heure avançait, et une ultime visite figurait encore au programme. Allons ! Cap sur le nord-est, vers le rond-point des Champs-Élysées et le Grand Palais. De toute façon, c'était sur son chemin.

Nox considéra dès avant le pont Alexandre III ce gigantesque écrin bourré jusqu'à la gueule de tous les trésors d'Égypte, et promu naguère, à son corps défendant, avant-dernière demeure d'une pharaonne de cinéma. Par acquit de conscience, il en fit trois fois le tour complet avant de rentrer. Derrière le pare-brise, son visage fermé résumait le bilan de sa promenade nocturne : un bilan tristement négatif... Et pourtant, le détective aurait été prêt à jurer du contraire. Un élément l'avait frappé. Était-ce une pensée fugitive, un détail entr'aperçu ?

Toutes les tentatives pour faire remonter l'une ou l'autre à la surface demeurèrent vaines, et il s'exaspéra de ce que, plus il en recherchait la nature, plus son subconscient l'enfouissait à plaisir sous un fatras de fausses pistes.

L'Égypte... Dans son appartement même, elle continuait à le solliciter. L'énigme du fond des âges, incomplètement traduite, paraissait enfin consentir à ce qu'il la dépouillât de ses derniers voiles d'obscurité. Répondant à cette invitation muette, il se mit à papillonner autour de la table basse en une véritable danse de séduction, s'arrêtant parfois pour examiner ses notes de haut selon des angles de vision propres à générer les plus éprouvants torticolis. Un stimulant lui était nécessaire. Il ralluma machinalement sa double pipe malgré un début de migraine. Le mal empira dans l'instant. Sa tête retentit du tocsin des questions innombrables qu'il se posait depuis des nuits.

Et puis l'orage éclata enfin, libérant un déluge sur la ville... et dans son crâne, la déferlante des réponses. Il était 4 h 10 du matin, ce samedi 31 août. Pour lui, il n'y avait plus aucun mystère. De là à dire qu'il se désintéressait de l'affaire...

CRÉPUSCULE DU MÊME JOUR

Portrait accompli de l'homme d'intérieur tranquille et reposé, Nox occupait sa place favorite au centre du canapé. Il leva un œil sur l'autre côté de la table basse et vit ce qu'il s'attendait à y voir : l'inspecteur Richard Phalène, opportunément matérialisé entre les accoudoirs de son fauteuil. C'était l'heure improbable que l'on disait être entre chien et loup – plutôt entre inspecteur et capitaine – où les deux personnalités pouvaient à loisir cultiver leurs différences à la faveur d'une toute virtuelle séparation de corps.

Le policier prit une large inspiration qu'il restitua interminablement à l'atmosphère enfumée sous la forme d'un long sifflement de baudruche percée. Il accompagna ce spasme d'un geste las, puis il plongea la main dans sa poche intérieure pour en extraire un papier plié en quatre.

– Merci pour le billet glissé sous ma porte, dit-il en dépliant le feuillet. (Il lut les deux mots qui étaient griffonnés : *Alexis Grandville*.) Malheureusement, votre mise en garde est arrivée trop tard.

– Ah ! fit Nox. Vous avez pris ça pour une mise en garde...

– Quoi d'autre ? Les faits vous ont d'ailleurs donné raison : l'assassin a froidement exécuté sa dernière victime à notre nez et à notre barbe... Mon incompétence est aveuglante ; j'ai une furieuse envie de coller ma démission à Frusquint !

– Vos capacités ne sont pas en cause, mon ami. Ce dernier meurtre était inscrit dès l'origine dans la logique des événements...

– Vous en parlez comme si vous le teniez pour inéluctable !

– Pour ça, il l'était ! Voyez-vous, Phalène, personne au monde, je dis bien personne, n'aurait pu empêcher sa perpétration. Nous baignons depuis le début de cette affaire dans un environnement mystique en prise directe avec le passé le plus reculé. Toute chose écrite doit nécessairement s'accomplir, et peu importe les moyens ! La machine policière peut certes se montrer fort efficace dès lors qu'il s'agit de neutraliser tel ou tel assassin « concret », mais dans le cas présent, convenez qu'il serait bien illusoire de placer le fatum en garde à vue !

– Le fatum ?

– La fatalité, si vous préférez. Mais racontez-moi plutôt les circonstances de ce dernier meurtre.

– Voici : Alexis Grandville, nous le savons, résidait chez son fils entre deux voyages. L'hôtel particulier de la rue de Varenne était sous surveillance permanente, et il n'en avait plus bougé depuis son interrogatoire. Alerté par votre billet, je décidais d'aller y faire un saut ce matin avant de me rendre à la P.J. Flanqué de mes deux collègues en faction, je sonne donc à son domicile sur le coup de onze heures. Cinq minutes, dix minutes s'écoulent. J'insiste. Un quart d'heure passe encore sans que le moindre bruit nous parvienne de l'intérieur. Alexis Grandville est certes un homme seul, âgé, et d'un caractère pondéré, mais tout de même, ce silence m'inquiète, m'alarme... Je tambourine de plus belle... Rien. Mû par un funeste pressentiment, je prends sur moi d'enfoncer la porte... Nous entrons aussitôt et entamons une visite systématique des lieux. Personne au rez-de-chaussée, personne dans les étages. En avons-nous découvert des chambres désertes, impeccablement rangées, dans les deux ailes de la bâtisse... Et puis, je me suis souvenu du sous-sol. L'entrepôt du père jouxtant l'atelier du fils. Nous nous précipitons, et là, là...

– Quoi ?

— D'abord l'inscription rituelle barbouillée à la peinture rouge sur le vantail blindé : HORUS...

HIORUS

— Horus ? La vivante incarnation parmi les hommes de son père, le divin Osiris... Pourquoi pas, en effet. Ensuite ?
— Ensuite ? Grandville, le père, justement, foudroyé derrière son bureau dans son office vitré, la chemise tachée de sang...
— Mort... Mais de quoi ?
— Une balle, probablement, ou un poignard... Mais d'après ce que vous en avons vu, aucune arme à proximité...
— Soyez plus précis.
— Impossible en l'état actuel. Découvrir un cadavre est une chose, l'atteindre en est une autre...
— Vous dites ?
— Si vous avez étudié attentivement le rapport, vous vous souvenez sans doute que l'entrepôt de Grandville...
— ... Est une véritable chambre forte, enchaîna le détective en arquant le sourcil. J'y suis ! Le vantail d'accès était fermé, mais vous avez pu localiser le corps grâce à la vidéo extérieure...
— Exactement. La caméra a du reste été intentionnellement bloquée dans son balayage des lieux pour retransmettre cette image sinistre.
— Bon, c'est simple, il suffit de retrouver le chiffre de la combinaison...
— Facile à dire ! Seuls le père et le fils la connaissaient... Le père, plus question d'en tirer un mot, quant au fils, il se balade Dieu sait où, du côté de New York. Ils ont vraiment la bougeotte dans cette famille !
— Les affaires sont les affaires, récita le capitaine en renversant la tête en arrière.

– ... Au fait, puisque nous abordons le chapitre des absents, Hadji Sélikmet et Gerda Pauwell se sont eux aussi évanouis dans la nature. Une véritable épidémie... Frusquint est d'ailleurs persuadé de la culpabilité de ces deux-là.

– Complices, sinon coupables, c'est l'évidence ! confirma distraitement le détective au grand étonnement de son interlocuteur.

– Quoi... Vous partagez l'opinion de Frusquint ?

– Tout arrive ! s'esclaffa Nox après avoir ramené son visage à la verticale. Mais revenons à nos moutons. Qu'avez-vous décidé depuis ce matin ?

– Pour commencer, nous avons fait appel à la société installatrice. Devant la gravité de la situation, les directeurs ont interrompu leurs vacances pour se déranger en personne. À peine sur place, il contactèrent à leur tour les meilleurs spécialistes en matière de forcement. Ces derniers arrivèrent en fin d'après-midi et, dès cet instant, nous mirent parfaitement à l'aise : les barres d'acier du quintuple verrou, enfoncées dans leurs plots respectifs, sont grosses comme des biceps de culturistes... La désintégration du métal par chalumeau oxhydrique prendra au moins quarante-huit heures d'un travail incessant. Un laser se serait évidemment révélé plus efficace, mais le temps passé à trouver, assembler et installer le projecteur adéquat excéderait encore ce délai... de même que le percement d'une brèche dans la paroi de soutènement ; le béton y est plus épais que la muraille d'une forteresse ! Pas question non plus de se servir d'explosifs. La baraque est ancienne ; elle ne résisterait pas aux ondes de choc !

– Quarante-huit heures... C'est beaucoup trop long, rumina le détective. L'ouverture de la chambre par la voie normale est impérative.

L'inspecteur se méprit sur les raisons de cette urgence. Il eut un geste nerveux censé indiquer que l'on avait envisagé toutes les solutions.

– Un expert en décodage attaché à la compagnie s'est aussitôt attelé au problème afin de faire sortir le numéro gagnant, mais de son aveu même, il ne nourrit guère d'espoir. Songez un peu, une combinaison de huit chiffres... Il existe je ne sais combien de millions de possibilités ! Inutile de nous leurrer : nous voici confrontés à un nouveau meurtre en chambre close – en chambre forte close ! – mystère autrement épineux que celui qui enroba la mort de Delubac...

– ... Sauf à retenir la culpabilité du fils, l'existence d'un passage secret, ou l'éventualité que l'assassin soit encore dans les murs !

– Je connais l'endroit pour l'avoir visité. Il ne recèle, que je sache, aucun passage secret. Quant à la solution extrême du parricide, la victime elle-même ne l'a-t-elle pas préventivement repoussée en fournissant à son fils le providentiel alibi new-yorkais ? Reste la troisième hypothèse...

La discussion tomba sur ce statu quo. À ce moment, derrière les vitres, la couleur crépusculaire s'estompait dans la dominante foncée de la nuit.

– Bien ! conclut le capitaine en voyant disparaître son double. À nous de jouer, maintenant !

Il décrocha son combiné téléphonique et procéda à deux appels successifs sur longues distances. Les contretemps occasionnés par les problèmes linguistiques ajoutés aux difficultés labyrinthiques pour obtenir le correspondant expressément requis firent que les communications s'éternisèrent au-delà du raisonnable. Elles coûteraient une fortune au malheureux Phalène, mais les confirmations que Nox y récolta compensaient largement le montant d'une facture astronomique. Un troisième et dernier appel, concentré plus modestement sur la capitale, le mit en revanche aussitôt en contact avec l'interlocuteur désiré.

– Docteur Gaboriau ?

– Oui. Qui est à l'appareil ?
– Capitaine Harmmakis Nox.
– Capitaine Nox... Enfin ! s'exclama la voix à l'autre bout du fil.
– Diable... Le cri du cœur !
– Je suppose que si vous m'appelez, c'est que... Enfin... L'inspecteur Phalène vous a bien transmis les données du Parcours égyptien ?
– Sans en omettre une virgule. Et je réponds d'emblée à votre question implicite : oui, l'affaire est résolue.
– Splendide, capitaine ! Nous n'en attendions pas moins...
– J'ai dit que l'affaire était résolue. Je n'ai pas dit qu'elle était terminée...
– Mais... C'est tout comme, n'est-ce pas ?
– Non. Il y a une nuance de taille. Écoutez-moi : pouvez-vous joindre le supérieur immédiat de Phalène... Euh... Commissaire Frusquint, je crois, et vous rendre ensemble dans une heure à l'adresse que je vais vous indiquer ?
– Aucun problème.
– ... Autre chose qui, là, va peut-être en poser un : je souhaite également la présence du président de la République.
– Vous voulez rire, capitaine... Il est actuellement en villégiature au Fort de Brégançon !
– Quand peut-il être ici ?
– Laissez-moi réfléchir... Son jet privé est à sa disposition à tout moment sur l'aéroport de Toulon... Mais vraiment, il ne saurait être question...
– Comprenons-nous bien, docteur : si je me permets d'adresser par votre intermédiaire une invitation aussi pressante au chef de l'État, ce n'est pas par caprice. Sa présence sur les lieux est *absolument* indispensable !
– Un cas de force majeure ?
– Oui.

– Bon. Je ferai mon possible pour qu'il nous rejoigne aux alentours de minuit.
– Parfait. Ah ! Une dernière chose : quand nous serons réunis, tout à l'heure, évitez de m'appeler capitaine Nox. Pour le commissaire et ses hommes, je ne dois être que l'inspecteur Phalène. Cela nous épargnera les quiproquos...
– ... et les indiscrétions ! D'accord, c'est entendu.
– À plus tard, docteur.

Nox raccrocha d'un coup sec et partit se doucher. Il valait mieux être en forme pour le baisser de rideau.

FINALE DOUBLE MESSIEURS

Samedi 31 août 1996

Nox arriva rue de Varenne à 23 h 10, nanti d'un léger sac de voyage. Il n'y avait pas à se tromper sur l'adresse : les forces de police s'éparpillaient par escouades aux abords de l'hôtel particulier, et, jusque dans la cour pavée, dissertaient à l'envi sur cet endroit paradoxal où se terrait en plein cœur de Paris un cadavre inatteignable. Le docteur Gaboriau, chaperonné par le commissaire Frusquint et les inspecteurs Leroy et Casamance, piaffait déjà sur le perron.

– Ah ! Phalène... Ce n'est pas trop tôt ! s'exclama Frusquint, abusé par les apparences. Imaginez ma surprise, quand...

– Nous descendons tout de suite ! le coupa Nox avec brusquerie.

Le ton était si déterminé que le divisionnaire ne songea pas une seconde à s'offusquer de cette sèche mise en demeure. C'est donc sans plus de retard que les cinq hommes rallièrent le sous-sol.

La pièce attenante à la chambre forte proprement dite recelait un véritable chantier ; un déploiement de bonbonnes de gaz, de tuyaux, de batteries. Juchés sur les deux niveaux d'un praticable en appui contre l'énorme vantail circulaire, deux ouvriers engoncés dans des combinaisons d'amiante s'acharnaient sur la quintuple serrure avec deux chalumeaux oxhydriques. Échappant de justesse aux retombées des gerbes d'étincelles, un troisième homme en costume de ville proposait inlassablement des séries de martingales à un clavier récalcitrant.

– Je pense que nous pourrons nous passer de ces

messieurs pour le moment, estima Nox en désignant le trio de spécialistes.

Point trop mécontent de suspendre ses tentatives, l'expert en décodage perçut l'invite au quart de tour et s'empressa d'y accéder, mais les deux autres, isolés phoniquement par leur cagoule protectrice, ne réagirent pas. Leroy se dévoua pour aller leur hurler congé à bout portant.

– Qu'ils ne s'éloignent pas, recommanda le capitaine ; on ne sait jamais... Je ne puis prétendre à l'infaillibilité !

Il sortit un carnet et un stylo de sa poche et fila directement à l'alignement de touches qui avait défié la sagacité de son prédécesseur. Chacun le regardait faire avec une attention soutenue, Frusquint surtout qui avait rarement vu son subordonné témoigner d'un tel esprit d'initiative. Nox, de son côté, pianotait sur le cadran intégré au blindage, soumettant au bon vouloir de l'ordinateur de contrôle une première série de huit chiffres.

– ... Essayons, dit-il au terme de sa manipulation.

Joignant le geste à la parole, il s'arc-bouta, attirant vainement à lui le volet d'ouverture.

– Rien à faire, pesta-t-il. Tentons un autre Sésame.

Sa nouvelle proposition ayant été enregistrée, il s'escrima derechef après la poignée, mais sans plus de résultat. Les témoins de ce double échec, d'autant plus frustrés dans leur attente qu'ils tenaient le succès pour acquis, ne réprimèrent plus un soupir de déception. Croisant leur regard scrutateur, Nox ouvrit son carnet et s'adonna à un bref calcul. Il le rangea et dit :

– Troisième solution. Espérons que cette fois...

Ce fut la bonne ! Et l'opérateur n'eut même pas à produire un quelconque effort de tension : le vantail tourna sur ses gonds massifs dans une succession de déclics approbateurs.

Murmure général de satisfaction.

— Formidable ! Bravo, capit... Inspecteur, se rattrapa Gaboriau in extremis.

— Entrons, fit laconiquement le détective.

— Minute, mon vieux ! s'interposa Frusquint. Comment avez-vous fait pour...

— Chaque explication en son temps ! éluda l'interpellé.

— Bon, d'accord, mais méfiance ! décréta le commissaire en retenant ses inspecteurs par le bras. Arme au poing tout le monde ! L'assassin est peut-être encore là...

Nox haussa les épaules.

— Les armes sont inutiles ! assura-t-il d'une voix si péremptoire que les policiers n'attendirent pas le contre-ordre de leur supérieur pour rengainer.

Ils franchirent le seuil de la chambre forte à la suite du détective pour se retrouver de plain-pied à l'orée de la première galerie, celle qui hébergeait les trésors artistiques de la fabuleuse collection Grandville. Négligeant l'étalage de merveilles qui balisait leur progression, ils traversèrent la salle au pas de charge et furent bientôt dans l'office vitré, face au cadavre. Celui-ci était assis, projeté à la renverse derrière le bureau, une tache écarlate maculant la chemise à hauteur de poitrine. Leroy et Casamance se précipitèrent, routine oblige, afin de se livrer aux constatations préliminaires. Le capitaine, lui, s'empara d'un geste machinal de la canne accrochée au rebord du bureau par son pommeau d'ivoire.

— ... Une balle en plein cœur, annonça le premier inspecteur. Tirée à environ un mètre, à peu près de l'endroit où vous êtes. À première vue, un calibre trente-huit. Aucune arme à l'horizon et pas de poudre sur les doigts. Un meurtre, sans contredit...

— ... Rien dans les mains, rien dans les poches ! renchérit son collègue après une fouille aussi brève qu'infructueuse. À part ce minuscule lecteur de cassettes...

– Il est chargé ? s'enquit aussitôt le capitaine.
– Oui.
Casamance avait à peine répondu que Nox bondit pour lui arracher littéralement sa trouvaille des mains. À la stupéfaction générale, il se contenta de glisser l'appareil dans sa poche.

« Bah ! se dit Frusquint ; ce brave Phalène s'est montré suffisamment efficace pour qu'on lui passe ce petit caprice… »

Le policier malaxa longuement son gros nez de tapir et puisa dans l'air ambiant une forte inspiration.

– L'absence d'arme… et de meurtrier nous permet de désigner le coupable sans la moindre équivoque, déduisit-il. Le fils ! N'est-il pas seul, dorénavant, à connaître la combinaison ?

L'argument était inattaquable. Gaboriau hocha le menton en signe d'approbation, mais sollicita néanmoins l'opinion du détective.

– Qu'en pensez-vous… inspecteur ?
– Le fils ? Oui, oui, bien sûr, sa culpabilité est évidente…

Nox venait de confirmer l'identité de l'assassin avec nonchalance, comme si la chose ne présentait en soi pas d'intérêt majeur. Le docteur, toutefois, ne le tint aucunement quitte de cet assentiment désabusé.

– Attendez… J'ai bien compris ? Vous êtes d'accord avec le commissaire quand il prétend que Grandville a tué six personnes parmi lesquelles la femme qu'il aimait et son propre père ?

– Sa femme ? Certes. Suivant son optique, les circonstances lui en faisaient une pressante obligation. Quant à son père… Eh bien, oui, docteur : finalement, vous n'avez pas tort ; on peut aussi parler d'homicide…

– Votre analyse des faits est étrange, comme distanciée, s'étonna Gaboriau. Rien de tout cela ne semble vous émouvoir…

— ... Et pour une bonne raison : l'identité de l'assassin ne résout rien. Vous allez comprendre pourquoi. Puis-je vous demander à tous de sortir cinq minutes ?

Ils s'exécutèrent, perplexes, tandis que Nox ouvrait son sac à malices. Le groupe, de son côté, mit à profit ce congédiement provisoire pour rendre une rapide visite aux multiples splendeurs désormais orphelines.

— Vous pouvez revenir ! leur lança Nox quand le délai fut écoulé.

Ils réintégrèrent les lieux à la hâte et s'alignèrent au coude à coude devant le cadavre dont le détective leur masquait la vue. Ce dernier exécuta une série de moulinets avec sa canne à la manière d'un magicien, puis s'écarta brusquement.

— ... Et voilà le travail !

— Tonnerre de Zeus ! jura Frusquint.

Les autres ne manquèrent pas d'accompagner ce cri de stupeur d'un chuchotement assourdi.

— Ah ! Ça, pour une cure de rajeunissement...

— On ne saurait mieux dire ! gloussa Nox aux anges. Je vous présente Alexis Grandville... Le fils ! J'ai gommé les rides, éliminé les sourcils, ébouriffé la chevelure et retiré les lentilles de contact. Un grimage à rebours des plus sommaires, infiniment moins recherché que celui qui mystifia si longtemps ses proches, mais l'idée d'ensemble s'y retrouve...

— Phalène... Où diable est passé le père ?

— Le père ? Voyons, commissaire, vous n'avez pas compris ? Il n'y a pas plus de père que de fils... ou de Saint-Esprit !

— Vous jouez sur les mots ! Qui est cet homme ?

— Alexis Grandville, point à la ligne ; mais ni junior, ni senior... Il n'y a qu'un Alexis Grandville : celui qui est né à Paris le 3 janvier 1924 et qui se tient là, devant nous !

– Allons donc, inspecteur, ceci n'est pas le corps d'un homme de soixante-douze ans !
– En êtes-vous si sûr ?
– Médicalement parlant... commença Gaboriau.
– N'est-ce pas ? le coupa Nox, ajoutant comme si l'allusion était aveuglante : Pensez-vous que notre ami accomplissait de fréquents voyages en Roumanie uniquement pour des motifs professionnels ?
– Bucarest... La clinique du docteur Kaplan ! réalisa le médecin en claquant des doigts.
– Exactement. Un programme draconien de régénération cellulaire, traitement efficace s'il en fut... et renouvelable ponctuellement, chaque mois, sur place.
– Tout de même, c'est un véritable miracle de jouvence ! objecta le commissaire. Regardez, on lui donnerait à peine cinquante ans, l'âge que son « fils » était pourtant censé avoir !
– Miracle aisément explicable ! Notre homme eut le rare privilège de se voir pourvu dès la naissance de remarquables capacités physiques et mentales, capacités qu'il eut le bon sens d'économiser et de faire fructifier au fil des décennies par une vie saine et sans excès.

Gaboriau eut une moue dubitative.

– Une abstinence spartiate peut certes avoir une influence bénéfique sur la santé de celui qui se l'impose, mais elle ne saurait entraver indéfiniment le processus du vieillissement...
– Vous avez raison, docteur ; et Grandville en était lui aussi parfaitement conscient. C'est pourquoi il décida de s'octroyer, par faveur spéciale, un bonus de quinze années...
– Vous déraillez, Phalène, s'anima Frusquint. Aucun être humain ne peut marchander avec le Temps !
– Notre homme a cependant tenté l'aventure...

– Balivernes !
– Ah oui ? Et que faites-vous de la cryogénisation ?
– La cryo...
– Une hibernation volontaire, expliqua Gaboriau. La science rend ce genre d'expérience possible. Personnellement, je me suis toujours demandé ce qui pouvait bien pousser quelqu'un à se prêter à ce genre de folie...
– Une certaine forme de folie, précisément ! souligna Nox. Posons comme postulat de base que Grandville ne fut jamais un homme comme les autres... Hautain, misanthrope jusqu'à l'égocentrisme... Ne perdons pas de vue non plus que sur le plan psychologique, il a toujours été dans l'âme un esthète passionnément épris de rigueur classique. Or quel spectacle présente à ce puriste le début des années 70 ? Les valeurs traditionnelles allègrement piétinées ; la beauté, l'harmonie, bafouées ; le surgissement d'une contre-culture foulant aux pieds ses idéaux... Le laisser-aller généralisé ; la laideur, la vulgarité, triomphantes ! Il est en outre assez lucide pour pressentir une décennie de crises, de tensions, portant en germe le troisième conflit mondial. S'est-il réellement trompé, d'ailleurs ? Nous n'avons certes pas eu à subir, et Dieu merci, de guerre nucléaire, mais notre planète, depuis ce temps, a-t-elle cessé une seule seconde de s'affirmer comme le champ clos d'affrontements permanents ? Cette perspective, naturellement, ne l'enchante pas outre mesure ; c'est pourquoi il prend une décision, folle pour le commun des mortels, mais logique au regard de sa propre éthique, celle de creuser un tunnel de coma entre l'époque insupportable qui se profile et un avenir qu'il sait ne pas devoir être pire, ne serait-ce que par réaction... Il se conformera à ce schéma délirant en passant quinze années de vie ralentie au Centre cryogénique Santa Teresa de

Carmel (la Californie était alors son lieu de résidence). Un coup de téléphone à cette clinique m'a utilement éclairé : Grandville en fut pensionnaire depuis le 12 septembre 1975 jusqu'à la Noël 1990 ! Trois lustres de repos total... À son réveil, c'est un homme neuf qui sort, tel Lazare, de son cercueil de glace ! Chance supplémentaire : ses affaires, gérées par des financiers avisés, ont largement prospéré durant son long sommeil, en dépit de la crise... ou grâce à elle. Il ne lui reste plus qu'à rentrer en possession de son capital et à en jouir ! Le voilà donc, à l'aube de la décennie 90, prêt à renouveler un nouveau bail avec la vie qui avait été la sienne. Rusé renard... Il perçoit très vite le parti qu'il peut tirer de sa situation « particulière » dans le cadre de ses activités commerciales. Imaginez la tête de ses adversaires financiers découvrant à leurs dépens au terme d'épineux marathons d'affaires, que la vieille carcasse amoindrie dissimulait une endurance de jeune homme... Volpone ! Comediante ! Le statu quo s'installe pour deux ans, et puis nous le retrouvons au Caire en 1992... C'est alors que, péripétie imprévue et unique dans une vie déjà longue, il tombe éperdument amoureux... Amoureux, oui, mais pas de n'importe qui : de Cassandra Flown, une des femmes les plus séduisantes de l'univers ! Seulement voilà : l'homme qui a vaincu le Temps est complexé par son âge... Il n'ose se déclarer. L'actrice appartient certes au même milieu aisé, mais ne rirait-elle pas de ce barbon auquel elle inspire une passion dévorante ? Qu'à cela ne tienne ! Grandville se sait dépositaire d'un pouvoir inouï qui le distingue de ses contemporains : celui d'effacer comme par enchantement l'outrage des ans... Il n'est que temps d'harmoniser le fond avec la forme, c'est-à-dire d'accorder sa vigueur physique à une silhouette plus adaptée. Ses fréquents voyages en Roumanie remontent à une période sensiblement antérieure ; il en complétera les effets par une métamorphose quasi instantanée redevable à la chirurgie esthétique (liftings, massages, implants)... et ira, pour les besoins de la cause, jusqu'à s'inventer un fils, qui, lui, pourra se permettre de courtiser l'objet de sa flamme sans encourir le ridicule ! Cassandra, en effet, ne songera pas un instant à se moquer : ils se marieront l'année suivante. Mais attention, le père ne disparaît pas pour autant ; il lui faut continuer à faire tourner l'entreprise Grandville sous son aspect habituel... et surtout assumer le rôle qui lui a été dévolu au sein du Kronos Club nouvellement créé : celui de maître du Siècle ! Comble du paradoxe, il devra se grimer et se déguiser pour paraître l'âge qu'il a réellement... Un véritable vaudeville !

– De fait ! abonda Gaboriau. Nul doute qu'un Georges Feydeau eût trouvé son bonheur dans une intrigue aussi abracadabrante ! Il ajouta, l'œil frisant de malice : encore un de ces cas de dédoublement de la personnalité...

– À plus tard la pathologie ! le rembarra Nox, gentiment. Je reste persuadé que Grandville, à ce moment, jouait le double-jeu en toute lucidité ; n'oublions pas qu'il fut acteur dans sa jeunesse. Quelle formidable jubilation dut-il éprouver à cette mascarade superbement chronométrée ! Car il y avait du facétieux chez lui... Maintenant, à supposer qu'il fût prédisposé à la paranoïa ainsi que le contexte nous incline à le croire, on peut avancer, sans risque d'erreur, que celle-ci trouva dans son caractère pétri d'absolu un terrain d'élection autrement fertile que celui couramment délimité par le paradoxe du comédien... La révélation de cette identité plurielle s'imposa à moi fugitivement, l'autre soir, comme je réfléchissais à notre siècle qui s'achève. Un siècle à plusieurs visages... Or, coïncidence, Grandville n'incarnait-il pas le Siècle au sein du Kronos Club ? Et ses visages à lui, ne furent-ils pas également innombrables ? Son pseudo-héritier, d'abord, et puis les divers sous-ordres allant de l'employé des eaux de la rue de la Pompe au déménageur de décors du Châtelet, en passant par le livreur de momies du Grand Palais... Nous n'aurons garde d'oublier Hadji Sélikmet, le serviteur fidèle... non plus que Gerda Pauwell, dragon domestique patenté, tous deux chaudement recommandés par Grandville lui-même à ses futures victimes !

– Quoi ! s'étrangla Frusquint. Gerda Pauwell aussi...

– Mais oui... Qui d'autre aurait pu établir une correspondance suivie avec l'administration égyptienne sans la garantie de sérieux conférée par le papier à lettre et la signature – usurpée – de Quimp ? Cela explique la commande aussitôt satisfaite d'une centaine de mètres cubes d'eau du Nil, volume incluant comme cadeau-surprise un crocodile monstrueux acheté dans un élevage clandestin de la frontière soudanaise ! Combien de sauts sur place lui furent-ils nécessaires pour mener à terme cette étrange négociation ? Nul ne sait, mais gageons qu'il fut opportunément aidé par son sens inné des affaires et par le système, souverain là-bas, du bakchich... Quel acteur consommé ! C'est lui qui aurait mérité l'Oscar et non sa femme...

– L'impudente canaille ! tempêta le divisionnaire. Je me rappelle encore sa prestation chez nous... Ah ! Il nous la baillait belle avec son Kronos !

– ... Ne nous y trompons pas, messieurs ; l'homme qui repose ici à l'état de dépouille aura tenu un rôle sans précédent dans l'Histoire ; involontairement ou de sa propre initiative, il est celui qui, toute sa vie, aura réussi le tour de force de jouer victorieusement à cache-cache avec le Temps... en trichant naturellement !

– ... Si cela ne devait suffire à sa gloire, il aura été par-dessus le marché un criminel d'envergure dont le nom restera inscrit en lettres de sang dans les annales judiciaires ! renchérit une voix.

Le capitaine qui avait vu arriver l'intervenant, ne réagit pas, mais le groupe, à cette appréciation, se retourna et sursauta comme un seul homme.

– Le Président !

Ils se précipitèrent tous à l'exception de Nox et de Gaboriau, mais le nouveau venu repoussa d'un geste paterne leurs assauts courtisans, laissant entendre à demi-mot qu'il était là à titre officieux, incognito en quelque sorte.

– Bravo, cher ami ! lança-t-il néanmoins à l'adresse du détective. Je ne me pardonnerai jamais d'avoir manqué le début d'une aussi étourdissante démonstration !

Un ange passa que le chef de l'État mit à profit pour caresser voluptueusement sa barbe, après quoi il sollicita du narrateur qu'il voulût bien poursuivre.

– ... Un assassin remarquable et multiple, assurément, enchaîna ce dernier. Toutefois, sans vouloir diminuer ses « mérites », il me faut révéler qu'il n'a pas entièrement agi seul. Une entreprise aussi complexe requérait l'appoint d'un complice occasionnel... tout au moins dans une première phase. Ce complice, il le trouva dans la personnalité falote de Luc Méandre. Oh ! avec celui-là, il jouait sur le velours... Méandre avait les meilleures raisons du monde de vouer une haine mortelle à Falconnier-Bussac, accessoirement maître de l'Heure au Kronos Club, mais surtout responsable direct du suicide de son père et du décès prématuré de sa mère... Se parant de l'auréole abusive du justicier compatissant, Grandville lui promit de combiner un plan infaillible en vue de supprimer cet abominable individu (il fallait être un intime de R.F.B. pour connaître le trajet de sa promenade nocturne et mettre ainsi sur pied l'opération crocodile), et il tint parole... Mais à charge de revanche ! Le jeune homme, en fait, avait signé un pacte avec le diable. Ne devait-il pas par la suite l'assister dans ses divers forfaits, comme l'embaumement de Cassandra, grande-prêtresse du Jour, vraisemblablement exécutée entre ces murs ? Méandre de son côté, s'estima très rapidement quitte de sa dette, mais il ne lui était plus possible de rompre le pacte... Fatale inconséquence ! Il se découvrit trop tard dépassé par les événements, et de plus en plus horrifié par l'ampleur qu'ils prenaient. Grandville, dès lors, comprit qu'il avait tout à craindre d'une dénonciation. Il devenait urgent de balayer ce facteur de risque... d'autant plus que la liquidation du complice, comme d'ailleurs celle de tous les membres-fondateurs du Kronos, avait été planifiée de longue date ! Méandre n'occupait-il pas la charge de maître de la Minute ?

Gaboriau se racla la gorge.

– Hum ! Pour ce qui concerne Jésophan Quimp et Christian Delubac, Grandville n'avait aucun mobile particulier...

– ... À cette réserve près qu'ils étaient respectivement maître du Mois et de l'Année ! s'interposa Frusquint. En fait, la disparition de ce petit monde lui apportait sur un plateau la direction sans partage de l'Organisation et la possession légitimée par héritage des fameuses pendules...

– Puisque nous en parlons, bifurqua le détective, tenons pour plausible que nos « Kronosiens », instruits de sa passion immodérée pour la mécanique de précision, les lui confièrent de plein gré aux fins de révision ou de réparation... Grandville, père ou fils, s'étant probablement arrangé pour les faire tomber en panne à la faveur d'une visite prétexte.

Le commissaire opina dans un ballottement de bajoues.

– ... Tenez, je vous parie qu'en fouillant bien, nous les retrouverons dans ce capharnaüm (il montra par-delà le vitrage l'amoncellement de trésors), ou dans une de ses nombreuses résidences secondaires ; ce n'est qu'une question de jours... Ah ! Mais cela ne tient pas ! se rattrapa le policier. Car, alors, comment expliquer ce dernier meurtre ? Je n'arrive toujours pas à me convaincre que les deux personnages ne faisaient qu'un... Phalène ! Qui a tué Alexis Grandville ?

La physionomie épanouie du détective exprimait l'évidence.

– Pourquoi diable renoncer à votre idée première... patron ? Alexis Grandville, voyons ! Notre ami ici présent a conduit sans faillir son programme de liquidation systématique en éliminant le comité directeur jusqu'à son *dernier* représentant !

– Il se serait donc volontairement donné la mort, extrapola Frusquint qui se rétracta aussitôt par un sonore : Impossible ! Que faites-vous de l'arme utilisée ?

– Quant à cela, les explications pullulent ! répartit Nox, très maître de lui. Je pourrais suggérer, entre autres solutions, que notre suicidé a bénéficié d'une « aide » extérieure ; ne vous ai-je pas prouvé que le déchiffrement de la combinaison ne présentait pas de difficulté majeure ?

– ... À propos, vous ne nous avez toujours pas dit comment vous avez procédé, se rappela Gaboriau.

– C'est simple ! Les propriétaires de coffres ou de chambres fortes utilisent souvent comme numéro de code une date marquante de leur existence ; celle de leur naissance, par exemple... J'ai donc essayé d'entrée de jeu celle de notre hôte, c'est-à-dire le 3 janvier 1924 – soit 03011924. Ça n'a pas fonctionné. Je proposai ensuite celle, complètement fantaisiste – et pour cause – de son « fils » ; le

17 mars 1944 – soit 17031944. Nouvel insuccès. Je me suis alors amusé à calculer la moyenne des deux nombres, obtenant ainsi un nouveau numéro de référence : 10021934 – 10 février 1934, date exactement intermédiaire établissant une sorte de synthèse entre les « deux » Grandville... et j'en fus bien inspiré !

– ... L'amour de la logique poussé jusqu'à la perversion ! diagnostiqua Gaboriau. Hum ! Je veux parler de Grandville, naturellement...

– Bon, d'accord, mais on ne se tire pas une balle dans le cœur hors de sa portée sans raison... ni arme ! insista Frusquint.

– Aussi avait-il une raison... et une arme ! répliqua Nox du tac au tac. Afin de vérifier mes présomptions, j'ai passé deux coups de téléphone sur longues distances avant de venir. Le premier fut pour le Centre cryogénique de Carmel ; je n'y reviendrai donc pas. Le second, non moins intéressant, me permit de discuter un bon quart d'heure avec l'assistant du docteur Kaplan à l'Institut de recherches gérontologiques de Bucarest. M'étant annoncé comme un interne attaché au service chirurgie d'un hôpital parisien, j'ai prétendu que Grandville venait d'être victime d'un grave accident sur la voie publique et qu'il me fallait impérativement des détails sur son plus récent bilan de santé. Le docteur Blefusco se fit un peu tirer l'oreille, mais le fait que je connus – par des documents prélevés sur la victime, alléguai-je – les relations existant entre Grandville et l'Institut, acheva de le convaincre. Il alla donc quérir le dossier de son patient et m'en lut les dernières pages. J'obtins de la sorte la confirmation de ce que je soupçonnais, à savoir que notre homme, à supposer que son objectif final fût l'héritage, avait occis ses congénères en pure perte : il était atteint d'un mal incurable, et n'en avait plus que pour quelques mois à vivre !

Blefusco m'a confié en outre que Grandville n'ignorait rien du sort qui l'attendait...

— S'il connaissait son état, le mobile des meurtres ne peut être que la vengeance, trancha Frusquint, catégorique. Il ne voulait pas partir seul !

— Hypothèse admissible, consentit Nox sans la moindre conviction.

— ... Mais nous ne savons toujours pas comment il est mort ! s'entêta le commissaire, fort de l'assentiment tacite de l'auditoire.

Le détective sentit qu'il n'échapperait plus à l'explication.

— S'il n'y a que cela qui vous préoccupe, messieurs, alors suivez-moi !

Moulinant de sa canne comme un tambour-major, Nox précéda le groupe, Monestier en tête, dans le couloir qui conduisait à l'atelier du « fils ». Dès la sortie du boyau, ils découvrirent de part et d'autre de l'allée centrale la double haie de statues géantes et éprouvèrent une légitime secousse à la vue de cette multitude colossale figée dans le bronze. L'instant de surprise passé, ils se frayèrent un chemin entre dieux et héros, jusqu'à l'alignement des chambres thermiques intégrées au béton de la paroi. Le capitaine écarta la première porte du pommeau de sa canne, et plongea la tête à l'intérieur du fourneau.

— Inutile d'aller plus loin, déclara-t-il. La solution est là... Un assassin scrupuleux, vraiment !

Ce fut une belle ruée vers l'ouverture.

— Mais je ne vois rien ! glapit Frusquint en découvrant la perspective briquetée.

Il résumait par sa mine déconfite le désappointement général.

— ... Et puis, vous nous parlez maintenant d'un assassin après avoir prétendu faire vôtre la thèse du suicide !

– La contradiction n'est qu'apparente, commissaire. Il est des cas où meurtre et suicide ne sont pas incompatibles...

– Il y aurait donc eu complicité de suicide, déduisit Frusquint. L'assassin, une fois son forfait accompli, se serait éclipsé par le circuit de ventilation...

– Il n'a pas eu à aller jusque-là. Du reste, voyez vous-même : le passage vers la cour au-delà de l'hélice est obstrué par une grille soudée. Il n'aurait pu s'échapper qu'en se découpant en lamelles !

– Alors, quoi ? Qui est complice ? Et comment s'est-il évaporé ?

– Ne voyez-vous vraiment rien dans ce four ?

– Rien. À part, bien entendu, cette lourde chape de bronze reposant dans sa cuve...

– Nous y voilà.

– Eh bien, quoi ? Ce matériau ne me semble, à moi, aucunement déplacé dans un atelier de fondeur. (Frusquint gratifia le détective d'une œillade pleine de défi.) À votre avis, Phalène, que faudrait-il voir là d'autre qu'une simple plaque de métal prête à l'emploi ?

L'interpellé balança vivement la tête de gauche à droite en signe de dénégation.

– Pas prête à l'emploi, commissaire. Ayant déjà servi... Nuance !

Ils le regardèrent tous, médusés, président compris.

– ... Le commissaire Frusquint nous a brillamment suggéré que le bronze était un matériau ductile. Imaginez un instant, messieurs, ce qu'a pu être ceci *avant* de se voir transformé en un lingot géant...

– Serait-il possible que... commença le chef de l'État qui se piquait au jeu.

– Mais oui, monsieur le président... Un robot ! Enfin, plus exactement, un double bras articulé monté sur un support mobile, identique à ceux dont on se sert dans les chaînes de fabrication. La seule différence est que celui-ci fut conçu et ouvragé dès l'origine dans un matériau plus noble !

– Un robot en bronze...

– ... Le secret de Grandville ! En fait, sa première sculpture, splendidement exécutée par lui de A à Z. Un esclave mécanique obéissant au doigt et à l'œil !

– Alors, ce serait lui qui...

– Naturellement. Grandville le programma voici deux jours pour un dernier travail qui n'avait, celui-là, rien d'artistique : son assassinat. Inaltérable serviteur des directives de son maître, il se conforma à cet ultime désir et accomplit froidement sa tâche... Le programme envisagé, toutefois, ne se limitait pas à cette assignation homicide : il importait, par-delà la mort du créateur, que le robot disparût lui aussi avec armes et bagages ! Ce dernier s'est donc autodétruit en se transmutant en ceci (Nox désigna la plaque brillante). Vous pouvez toucher : le métal est encore tiède... Nous pouvons avancer par conséquent sans craindre l'abus de langage, que cet endroit ne fut pas le théâtre d'un seul suicide, mais de deux !

– Et le revolver, il était en bronze, lui aussi ?

– Non. À mon avis, un banal trente-huit de série... Le bronze combine un alliage de cuivre, d'étain et de zinc. Si vous faites analyser ce lingot, nul doute que vous n'y déceliez un apport d'acier d'environ huit cents grammes...

– Extraordinaire ! s'enthousiasma Monestier. Cette démonstration valait certes tous les désagréments d'un voyage en jet impromptu !

– Il n'était guère difficile de reconstituer une mise en scène aussi limpide, s'étonna le détective en découvrant les cinq regards éperdus convergeant sur sa personne.

Il y eut un silence pesant. Chacun se demandait s'il convenait de réserver son admiration à la fantastique prouesse intellectuelle dont il avait été le témoin, ou à la troublante humilité de son auteur.

– Voilà ! s'épanouit Frusquint. Le Parcours égyptien s'achève sur un dénouement moral : le criminel est allé jusqu'au bout de son orgueil démesuré en s'infligeant à lui-même le châtiment suprême !

– ... Et tout le monde est content ! ironisa le détective.

– Mais pas vous, inspecteur, affirma plus qu'insinua Gaboriau.

Nox demeura muet, presque boudeur.

– Notre héros aurait préféré prendre l'oiseau vivant ! s'esclaffa le commissaire. Allons ! jubila-t-il, l'heure n'est pas aux regrets, mais aux compliments... Je vous félicite, mon cher Phalène, pour l'excellence de votre travail !

De fait, l'intéressé se demanderait longtemps ce qui, le lendemain, à la P.J., pouvait bien motiver de la part de ses collègues un tel assaut de congratulations.

AUX PORTES DE LA VÉRITÉ

Nox, Gaboriau et le président restèrent seuls dans le local souterrain longtemps après l'évacuation du cadavre par les services sanitaires et le départ des forces de l'ordre. La salle des statues... Ce cadre grandiose n'était certes pas le moins qualifié pour servir de chambre d'écho aux hallucinantes révélations qui allaient suivre !

La barbe de Monestier s'éclaira d'un sourire engageant. Frustré du discours qu'il tenait en réserve depuis un long moment, il se laissa aller à débiter d'un trait :

– Permettez-moi, capitaine, de vous féliciter pour votre extraordinaire clairvoyance. La confiance que nous avions placée en vous n'a pas été déçue. Votre démonstration de tout à l'heure était vraiment...

– ... Incomplète ! l'interrompit Nox avec une brutalité inattendue. Elle le fut à dessein pour une excellente raison : l'ultime vérité ne peut être entendue que par vos seules oreilles, et naturellement par celles du docteur Gaboriau dont je connais le dévouement et la discrétion.

– Il y a donc une autre vérité, releva le conseiller.

– Non, pas une autre. Une vérité de complément. Je ne me suis consenti la divulgation de quelques faits anecdotiques que pour donner durablement du grain à moudre à la police et aux médias... Ce que je vais vous confier maintenant implique en revanche, ainsi que vous allez pouvoir le constater, le secret absolu... au plus haut niveau ! À cette fin, il me faut revenir brièvement sur le cas Grandville. Cet homme hors du commun a, nous le savons, éliminé six personnes – si on l'inclut parmi les victimes... – et on doit le faire ! Or la question essentielle, irrésolue en dépit des apparences, réside toujours dans le pourquoi de ces meurtres.

– Vous avez pourtant admis de bonne grâce les conclusions du commissaire, objecta Gaboriau. Un mélange détonant de folie, de vengeance et de cupidité...

– C'est à la fois plus simple et plus compliqué, docteur. Je parle du véritable mobile... Un mobile incroyable, fantastique, dont je vais à présent démonter le mécanisme. Récapitulons : il y a quatre ans, Grandville est au Caire avec cinq amis de rencontre, futurs directeurs, comme lui, du Kronos Club. À ce moment, il partage leur foi exclusive pour le Temps, unique dieu, selon eux, digne de vénération. Il adhère d'autant plus à ce culte naissant que le Temps est pour lui une vieille connaissance ; l'indéfectible partenaire de toute sa vie, une divinité tutélaire, déjà... Bref, un complice. Or voilà qu'il apprend, une fois marié à Cassandra, et fermement ancré dans ses convictions, qu'il est irrémédiablement condamné par la science médicale. Le coup de tonnerre de ce diagnostic fatal le met hors de lui. Un verdict de mort, quand il savoure enfin la plénitude... L'injustice est trop forte ! Il s'estime trahi par celui-là même qu'il révérait... Kronos dont il se voulait le prophète exclusif, le condamne à disparaître avant qu'il soit en mesure d'assister à son triomphe ! Alors, il se rebelle contre son dieu et s'en choisit de nouveaux... En secret, car, vis-à-vis de son entourage, il ne peut plus se déjuger ! Par chance, il disposait à ce moment d'une solution psychologique apte à satisfaire cette contradiction : l'autre personnage qu'il s'était inventé à la même époque pour des raisons sentimentales... « Grandville-père » continuera donc à officier normalement au titre de maître du Siècle, tandis que « Grandville-fils », lui, se verra parfaitement libre d'attaquer le culte à visage découvert. Ce dont il ne se privera pas ! La folie de Grandville naîtra de cette dualité.

Le président leva la main comme un écolier.

— ... Avec votre permission, capitaine, sa folie s'étendait aussi à un autre registre... Ne laissiez-vous pas entendre que, malgré ce reniement, il restait convaincu de l'avènement de Kronos ?

— C'est précisément pour cette raison qu'il va déployer des trésors d'imagination criminelle pour tenter d'en enrayer le processus !

Nox laissa planer un silence, puis passa apparemment du coq à l'âne.

— Je vous le demande, messieurs : quelle peut bien être la signification du concept de « fin du monde » pour un individu ?

— Sa propre mort ? hasarda Gaboriau.

— Touché, docteur ! Mais au surplus, quelle satisfaction insane pour un esprit malade de savoir que son trépas s'accompagnera du déchaînement apocalyptique... Peut-être de la véritable fin du monde ! Voyez-vous, le mobile de l'assassin est vieux comme le Crime lui-même : il lui était impératif d'empêcher ses victimes de parler... de vulgariser l'indicible ! Peu lui importait en définitive que nous percions à jour sa culpabilité ou ses motivations profondes ; l'essentiel était que nous le fassions trop tard, c'est-à-dire après 6 heures 30, ce matin...

— Que se passe-t-il donc ce matin à 6 heures 30 ? s'inquiéta Monestier.

Gaboriau frappa dans ses mains et brandit un index inspiré.

— ... L'implosion de la stèle à l'intérieur de la pyramide !

— C'est cela même.

— Quoi... Toutes les précautions n'ont-elles pas été prises ?

— Sans doute, sans doute, s'anima le détective ;

mais la question n'est pas là ! À propos, monsieur le président, puisque nous abordons ce chapitre, puis-je vous poser une question indiscrète ?

– Je vous en prie, accorda Monestier, intrigué.

– Quel est l'état actuel de nos relations diplomatiques avec la République égyptienne ?

– Excellentes... le raïs Boughdali est un ami personnel.

– Parfait ! triompha Nox en faisant tournoyer sa canne de contentement. Cela ne pourra que nous aider, vu les circonstances...

Sur cette appréciation sibylline, il jeta un coup d'œil à sa montre (elle marquait 1 heure 59 minutes) et ajouta sans transition :

– Le moment est venu de procéder à une interruption de séance si nous ne voulons pas manquer l'ouverture du sanctuaire !

Il puisa dans sa poche le minuscule lecteur de cassettes naguère confisqué à l'inspecteur Casamance, posa le pouce sur la touche d'envoi et attendit. À 1 heure 59 minutes 59 secondes, il déclencha le mouvement de la bande. Aussitôt s'élevèrent de l'appareil les accords aigrelets et naïfs d'un carillon ancien auxquels répondit dans le lointain un écho analogue fortement assourdi. Quand le tintement cessa, la maçonnerie de faïence qui se dressait derrière la monumentale console s'éventra d'une brèche régulière par la grâce d'un panneau coulissant.

– Mais... Que diable ? s'étrangla Gaboriau.

– Une simple clé sonore, docteur. Les pendules de Grivoz obéissent à la loi du genre : chaque entame de tranche horaire introduit les premières mesures du Veni Creator de Ruban Maur, un morceau grégorien de la fin du Xe siècle. Un tintement identique répondant simultanément de l'autre côté de la maçonnerie, devait nécessairement entraîner l'ouverture d'une chambre dérobée ! Suivez-moi...

Les témoins du phénomène se regardèrent, interdits, et obtempérèrent. Une nouvelle pièce s'offrait maintenant à leur curiosité. Elle était petite, hexagonale, et contrastait par son dépouillement avec l'affluence de colosses peuplant le gigantesque atelier. Tapissée du sol au plafond d'une épaisse moquette noire, elle transfigurait sa pénombre feutrée par les faisceaux diffus de six projecteurs intégrés aux angles supérieurs. Répartis à équidistance le long des parois, les cartels de Grivoz reposaient sur des socles affectant la forme de colonnes doriques tronquées.

— Regardez ! s'écria Gaboriau. Notre homme est bien l'auteur du vol des pendules !

— Certes, approuva Nox, mais on ne saurait qualifier ces détournements de vulgaires larcins. Seule sa haine pour Kronos le poussa à s'emparer de ces objets symbolisant la toute-puissance de son ennemi. Il souhaitait emprisonner le Temps... Essayer, qui sait, de suspendre la fatale échéance !

— Folie... Folie... rumina Monestier à part.

Un volumineux piédestal marmoréen à section carrée, plus haut, plus large que les socles, occupait le centre de la pièce. Il supportait une imposante stèle granitique dont la partie supérieure avoisinait le plafond.

— Venez voir ! s'exclama le docteur. C'est une copie de... de la...

— Admirable reproduction ! s'extasia le président en mettant le nez sur les inscription qui étaient gravées. Grandville n'excellait pas seulement dans la sculpture des métaux ; il avait aussi un réel talent de tailleur de pierre !

— Erreur sur toute la ligne ! réfuta le détective. Ceci n'est en rien une reproduction de la stèle, mais un autre original, façonné à la même époque que celle enfermée dans la pyramide. Un double, en quelque sorte...

– Est-ce possible ?
– N'en doutez pas. Cette vénérable relique remonte à plus de cinquante siècles !
– Mais enfin, d'où sort-elle ? Pas de la pyramide, en tout cas !
– Non, évidemment. Celle-ci fut découverte dans les faubourgs du Caire, voici quatre ans, lors du percement de la nouvelle ligne de métro par les ouvriers de Falconnier-Bussac. Le quotidien *Al Aram* a publié un court article sur le sujet dans son édition du 19 avril 1992, article auquel l'entrepreneur opposa dès le lendemain un démenti formel. En réalité, il détourna le bloc pour son propre compte – et pour celui du Kronos Club – puis s'empressa de le transférer dans l'Hexagone.
– Cela ne dut guère lui être facile, supputa Monestier. Les douanes égyptiennes sont très vigilantes quant au trafic de pièces archéologiques...
– Faisons confiance à l'imagination du bonhomme, et n'oublions pas sa position privilégiée. Il lui suffisait d'enduire la stèle d'une couche de calcaire et de la présenter comme un échantillon de terrain qu'il convenait de faire analyser au plus vite dans ses laboratoires parisiens. Les ouvriers, eux, furent probablement rétribués au juste prix pour leur trouvaille... et leur silence ! Dès lors, six personnes en tout et pour tout étaient au courant de son existence. Comme vous le voyez, Delubac eut largement le temps de procéder à la traduction du message... et d'en faire partager la teneur à ses compagnons !
– Cette traduction, hélas, a disparu avec lui, déplora Gaboriau.
– ... Tout s'explique ! intervint le président. Grandville, sous les traits de Hadji Sélikmet, a de toute évidence subtilisé les documents avant de commettre son « crime parfait » !
– Oh ! À mon avis, il n'eut même pas à se donner cette peine. En tant que « Grands-prêtres »,

Grandville et Delubac cultivaient d'étroites relations. Connaissant l'étanchéité de cette providentielle chambre forte – réserve faite de la pièce où nous nous trouvons –, l'égyptologue les lui a vraisemblablement remis du meilleur gré, et cela depuis belle lurette... De même lui confia-t-on la stèle dès l'origine pour de semblables raisons de sécurité. Les « kronosiens » n'avaient en somme aucun motif valable de se méfier d'un coreligionnaire... Ce qu'ils ignoraient, pour leur malheur, c'est que Grandville père et fils ne faisaient qu'un !

– ... Mais s'ils détenaient la traduction, pourquoi avoir tant attendu pour en publier la teneur ?

– D'abord pour être crédibles. Deux mois pour traduire un texte aussi hermétique, cela n'avait rien d'excessif. (Les experts internationaux ne s'y sont d'ailleurs pas trompés.) Il faut croire d'autre part qu'ils n'étaient pas spécialement pressés. Détenant cette bombe sous le boisseau depuis si longtemps, ils ne guettaient que le moment le plus opportun pour la faire éclater. Or ce moment arriva plus vite que prévu avec la découverte inattendue d'une stèle jumelle dans la pyramide, et l'annonce providentielle de sa future implosion ! Il importait dès lors de ne pas se faire souffler la priorité de la traduction par d'autres, car c'était à eux, et à eux seuls, que devait revenir le douteux privilège de traumatiser l'opinion à quelques jours de l'ouverture du caveau...

– Le contenu du message va donc rester secret, se rembrunit le président.

– Pas pour tout le monde ! insinua Nox avec un sourire de Joconde.

– Vous voulez dire que vous êtes parvenu à...

– Cela va de soi !

Le chef de l'État et son conseiller marquèrent un raisonnable temps de surprise, après quoi le trio s'agglutina autour de la stèle pour contempler, recueilli, les inscriptions énigmatiques qui polarisaient sur elles depuis soixante-huit jours l'ardeur spéculative des plus éminents spécialistes. Conscient de la solennité de l'instant, le détective puisa avec une lenteur calculée une liasse de papiers de son sac de voyage.

– ... Cette traduction, messieurs, je la livre sur le champ à votre méditation. (Il éleva l'extrémité ferrée de sa canne en direction de la première frise de dessins.) Voici :

« *Il est écrit qu'à l'aube des temps, un peuple venu des étoiles* [le diagramme initial restitue une configuration planétaire agrémentée d'un objet évoquant irrésistiblement une nef sidérale]... *débarqua sur la Terre, s'y installa et proliféra.* [Notons à titre documentaire que l'auteur du message nous donne de ses semblables une image chétive, malingre... une silhouette d'enfant perdu.]... *Ce peuple était détenteur d'une puissante énergie lumineuse qui l'aida à bâtir au fil des millénaires une civilisation florissante* [... et hiérarchisée, si on en juge par les quatre niveaux de petits bonshommes de taille décroissante étagés sur la partie droite. J'en dénombre trente-deux. Est-ce pour nous signifier symboliquement une population de trente-deux millions d'âmes ? Quoi qu'il en soit, nous pouvons nous faire une idée de leur haut degré de culture grâce au premier dessin de la ligne suivante ; cette découpe de temple ou de palais surmonté d'un globe irradiant...]... *Le temps passa.* [On peut trouver trace de ce passage dans la nouvelle configuration astrale du deuxième diagramme planétaire.]... *Parvenue à son apogée, leur technologie, déjà non négligeable à l'origine – l'énorme vaisseau du début en atteste – leur technologie, donc, leur permit de concevoir le prototype d'un être nouveau – principe mâle et femelle –plus robuste, plus résistant qu'eux-mêmes, et, partant, davantage adapté aux dures conditions du milieu terrestre. Parallèlement, hélas, la puissante énergie qu'ils avaient développée échappa à leur contrôle et commença à les anéantir.* [Afin de mieux nous dépeindre sa malfaisance, le graveur la métamorphose en une sphère obscure, planant comme une menace sur les ruines du palais. L'échantillonnage des vingt-quatre petits bonshommes couchés qui l'environnent comptabilise vraisemblablement les pertes qu'ils eurent à subir : pas moins de deux tiers de leur effectif, si on se réfère aux trente-deux personnages debout précédemment recensés.]... *Bien qu'affaiblis par la funeste radiation émanant de la Force obscure, les survivants consacrèrent leurs dernières ressources physiques à en neutraliser les effets par l'enfermement de celle-ci au cœur d'un caveau hermétiquement scellé. Mais ce sursis était illusoire... La contamination avait fait son œuvre ! Conscients de leur prochaine disparition, ils appelèrent à la vie une poignée d'initiés de la nouvelle espèce plus haut esquissée, leur enjoignant comme mission prioritaire d'isoler dès que possible, et à titre définitif, le caveau hébergeant la Force maléfique sous un revêtement colossal en forme de pyramide...* [Et cela sera accompli... voici cinquante siècles !]... *Quand le dernier des « Grands » anciens s'éteignit, les successeurs désignés prirent aussitôt le relais et s'acheminèrent à leur tour vers ce qu'il est convenu d'appeler la civilisation.* »

On peut avancer, je crois, sans risque d'erreur, que l'Homme tel que nous le connaissons, fit à ce moment son entrée officielle sur la scène de l'univers...

– Inouï! s'exclamèrent de concert Monestier et Gaboriau.

Nox, avant de poursuivre, considéra avec un flegme amusé l'attendrissante exaltation de ses auditeurs.

– ... La conclusion du message fut pour moi un

véritable casse-tête. Que de nuits ai-je passées à me torturer l'esprit avant de comprendre qu'il s'agissait d'une mise en garde prophétique... Pratiquement, la raison d'être de la stèle ! Penchons-nous donc sur la quatrième et dernière frise. En exergue, un troisième diagramme planétaire nous indique ceci :

« ... *Quand le temps aura passé* [nous en sommes maintenant au futur]... *que les descendants des initiés se seront multipliés et auront acquis un savoir et un pouvoir comparable aux nôtres... qu'ils auront découvert et domestiqué une Force analogue à celle qui nous annihila... qu'une science souveraine leur aura permis de concevoir à notre exemple un être nouveau, plus fort, plus résistant qu'eux-mêmes, et susceptible de les remplacer...* [J'attire votre attention sur la spirale inscrite dans le cerveau de l'ultime figure ; elle nous suggère une idée de mémoire, de récapitulation des événements antérieurs...]... *que ceux-là n'oublient pas la terrible leçon de l'Histoire !* »

– Le message est formel, conclut Nox ; la pyramide de Chéops n'abrita jamais la sépulture d'un homme, fût-il prophète ou pharaon... Elle est l'immémorial tombeau d'un secret, le secret des dieux – pauvres créatures chétives ! – qui furent en fait les premiers occupants de la Terre. Il dévoile le stupéfiant aveu que ceux-ci nous transmettent par-delà les millénaires de leur incommensurable faiblesse. Ils se sont développés, épanouis, pour finalement se détruire. Est-ce là l'inéluctable destin de toute entité pensante et agissante ? La réponse nous appartient aussi...

– Vous osez qualifier ces créatures de dieux ! s'insurgea Gaboriau.

Fidèle à lui-même, Nox assena sa réplique avec une logique imperturbable.

– Si on définit Dieu comme principe créateur,

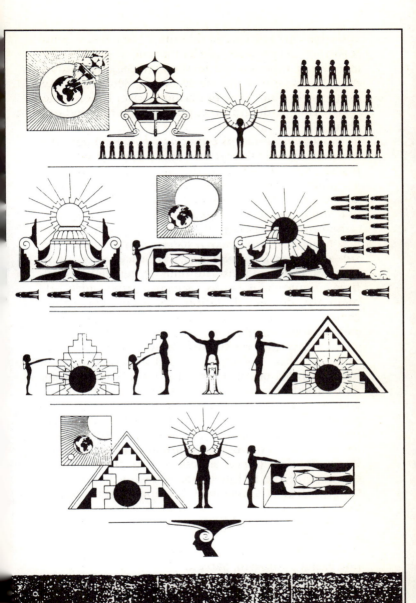

alors, oui, ils en sont ! Ne nous ont-ils pas conçus et réalisés... non pas, certes, à leur exacte image, mais dans une version qu'ils souhaitaient améliorée ? Nous-mêmes, ne sommes-nous pas à la veille de construire un être nouveau, physiquement – et pourquoi pas mentalement – supérieur ? Qui sait si cette race de surhommes appelés à nous succéder ne nous proclamera pas dieux en un futur lointain ? Qui sait si, ayant pris notre relais, elle ne s'élancera pas quelque jour à l'assaut des étoiles dont nous n'aurons été en définitive que les transfuges indirects ?

Il était temps de revenir à la réalité des faits. Gaboriau se chargea de l'atterrissage.

– Mais pourquoi diable Grandville voulait-il occulter à tout prix le contenu du message ?

– Parce qu'une indiscrétion n'eût pas manqué de révéler au grand jour une vérité doublement sacrilège : d'abord, que les dieux ne ressemblaient en rien à ce que l'Homme – toutes croyances confondues – se plut à imaginer au cours des âges ; et de plus – leur autodestruction en témoigne – qu'ils n'avaient pas échappé à la Faute originelle... Sachant cela, qui irait encore revendiquer pareils créateurs ! Vous admettrez que si la communication de tels faits avait été produite, cela eût été de nature à porter un coup sensible à tous les cultes en exercice, allant même, pourquoi pas, jusqu'à les abolir. Seulement voilà, la part de merveilleux qui sommeille en chacun de nous n'aurait pas longtemps trouvé sa pâture dans l'inévitable transition d'un matérialisme pur et dur. Tôt ou tard, cette ferveur eût été immanquablement canalisée sous l'impulsion de prophètes désignés vers le seul dieu que son indiscutable immortalité rendait encore fiable...

– Kronos ! devina Monestier.

– Le pire ennemi de Grandville ! appuya le détective. C'est la raison pour laquelle il s'improvisa le champion des anciens dieux dont la réputation était compromise, et organisa le massacre systématique des zélateurs du Temps ! Ses meurtres anachroniques avaient certes pour but de différer au maximum, voire pour toujours, la découverte de l'ultime vérité en nous polarisant sur leur habillage baroque, mais le cérémonial d'accomplissement lui était de surcroît imposé par le sujet même : il convenait de défendre des valeurs antiques par des procédés antiques, ce qu'il entreprit au nom des premières divinités de la tradition humaine apparues sur la terre d'Égypte, berceau de notre espèce... d'où les signatures ! Exceptons à cette règle son suicide camouflé en assassinat ; un revolver présentant les meilleures garanties de commodité et d'efficacité... Ceci étant dit, deux questions se posent à nous (Nox planta un regard incisif dans celui de Monestier) ; mais surtout à vous, monsieur le président...

a) L'énergie maléfique qui causa jadis l'anéantissement des dieux est-elle encore opérationnelle après une cinquantaine de siècles ? Sans accorder un crédit excessif aux thèses volontiers alarmistes du milieu écologiste, on ne peut négliger le fait que certains déchets nucléaires – broutilles en regard de la Force obscure – demeurent dangereusement radioactifs après d'incalculables périodes...

b) Devez-vous cautionner par votre silence l'implosion imminente de la stèle et prendre ainsi le risque de libérer la Bête tapie dans le caveau ? Dans une telle éventualité, je ne donnerais personnellement pas cher de la pyramide... ni de tout le reste !

– Finalement, résuma Gaboriau, Grandville avait arrêté son choix : celui de disparaître au milieu du chaos emportant hommes et dieux, Kronos compris !

Monestier eut un claquement de langue lourd de résolutions.

– Quelle que soit notre décision, le black-out s'impose, trancha-t-il. Imaginez les répercussions... Toutes les croyances religieuses bousculées... Toutes les théories scientifiques pulvérisées... Darwin enfoncé !

– Je ne porte jamais de jugement moral sur le résultat de mes analyses, laissa tomber Nox froidement. Seule la Vérité compte, que son visage nous soit plaisant ou atroce. En l'occurrence, je ne l'estime nullement blasphématoire ; Darwin lui-même pourrait y trouver son bonheur... Avez-vous noté la longueur des membres tracteurs et préhensiles de nos créateurs ? Ils étaient peut-être velus et comiques comme de petits primates, auquel cas nous descendrions vraiment du singe ! Quant aux théologiens, ils en seraient quittes pour se poser une nouvelle question fondamentale qui ne ferait que reculer l'ancestral problème : « Si les dieux ont créé les hommes, qui donc a créé les dieux ? ».

– Hum ! Hum ! toussota le président. Votre interprétation du message est à coup sûr fascinante...

– ... Mais ce n'est qu'une interprétation, acheva Nox avec une moue entendue.

– Comprenez-moi, capitaine ; je ne doute à aucun moment de la pertinence de vos arguments, toutefois...

– ... Un élément décisif, propre à les étayer, ne serait pas malvenu ! Je conçois votre scepticisme... Ô combien ! Que pèse, face à la science, une théorie ne recevant pas de confirmation ?

Sur cette interrogation témoignant d'une irréprochable probité intellectuelle, Nox se prit à examiner les alentours avec des hochements de tête saccadés, comme si l'urgence de la situation lui interdisait toute nuance de mouvements. On le contraignait à l'exploit ? Eh bien ! On allait voir ! Il regarda les pendules (celles-ci marquaient 2 h 23). Il regarda la stèle de haut en bas. Il regarda enfin le piédestal sur lequel elle reposait... C'est alors que, revenant sur ses interlocuteurs, ses yeux de braise reflétèrent la fulgurance de la Révélation. Il laissa le président planté devant les inscriptions, et se précipita avec le docteur sur les talons vers la pendule la plus proche. Il ouvrit le couvercle de verre protégeant le cadran principal et cala l'extrémité de l'index sur le côté gauche de la grande aiguille.

Méthodiquement, il la fit tourner, sans marquer la moindre pause, accélérant le rythme de sa course avec l'autorité résolue de celui qui avait soumis le Temps à son caprice. Cette impulsion continue entraîna la ronde, moins spectaculaire mais tout aussi implacable de la petite aiguille. Passèrent ainsi trois heures, quatre heures, cinq heures, six heures... Le nouveau maître de Kronos consentit la trêve aux environs de 6 h 29. Allant à la pendule voisine, il renouvela l'opération, puis fit subir un traitement identique aux suivantes.

Rompu d'instinct à une ponctualité quasi maniaque, son cerveau anticipa la finalité du compte à rebours avec une acuité de métronome, à telle enseigne que chacun des mécanismes délivra en parfaite synchronie le tintement aigrelet des demies à 6 h 30 précises. Six heures trente minutes, le dimanche premier septembre... L'heure du « trop tard »... L'effroyable instant du triomphe posthume de Grandville !

Étonnante relation de cause à effet, on entendit un déclic dans le piédestal placé sous la stèle.

Une portière rectangulaire s'ouvrit automatiquement. Elle épousait la surface totale du marbre. La dernière porte... ultime obstacle dressé entre l'enquêteur et Sa vérité ! La vérité... Nox aurait dû pressentir que nul ne dévoile son visage sans encourir la conséquence fatale de sa découverte...

L'outil de ce funeste accomplissement émergea de l'ouverture sous la forme d'un revolver de trente-huit tenu par une main étincelante et décharnée. L'assassin machiavélique avait songé à tout, y compris à l'improbable éventualité du démantèlement en cascade de ses plans gigognes avant la minute fatidique... Par-delà la tombe, il réclamait un exorbitant tribut à son vainqueur : la vie de ce dernier pour prix de son triomphe ! Ce n'était pourtant pas cette victime pressentie que l'instrument de mort mettait en joue, mais une cible plus prestigieuse encore...

Monestier se tenait face à la stèle, hypnotisé par la gueule béante du revolver comme un lapin devant un naja, le cœur offert à la ligne de mire. L'index chétif pressait déjà la détente, sans hâte, sans passion.

C'est alors que, parachevant l'élan terrible imprimé par le capitaine, le pommeau de la canne s'abattit sur le canon de l'arme, fracassant du même coup le museau d'Anubis. La détonation claqua, néanmoins, mais son écho s'étouffa bientôt dans l'écrin noir de la pièce. Hors de la main encore vibrante, le trente-huit gisait à terre, le canon fumant comme une cigarette mal éteinte. Le projectile, lui, était allé se perdre dans l'épaisseur de la moquette. Nox ramassa l'arme, dégagea le barillet, et compta quatre balles. Il en manquait deux.

– Le meurtrier... commenta le détective. Le véritable meurtrier... Grandville ne pouvait périr que de la main de son dieu ! Le premier projectile fut donc pour lui. Son travail accompli, l'innocent bourreau que voici regagna son abri et s'y posta en sentinelle, guettant, revolver au poing, l'hypothétique intrusion d'un indésirable. On l'avait programmé pour cela. Le robot de la salle voisine n'était, lui, qu'un honnête manutentionnaire sacrifié pour les besoins de la cause... et pas plus criminel que danseur étoile ! En réalité, cette mise en scène habile n'avait été agencée que pour aiguiller notre raisonnement sur une fausse piste... L'essentiel demeurant que nos chers amis de la police en fussent dupes !

Comme pour exprimer plus complètement sa défaite, l'automate désarmé abaissa le bras en signe de reddition et fit un pas hors de sa cachette. On entendit le cliquetis de ses articulations. C'était un petit personnage – il pouvait mesurer un mètre dix – à la maigreur délicate et au visage émouvant de vieil enfant.

– Cette sculpture animée est admirable... Quelle expression bouleversante ! s'enthousiasma Monestier, peu rancunier. Un chef-d'œuvre ! Le dernier bronze de Grandville, je suppose ?

– Son dernier travail, oui, mais pas en bronze, corrigea Nox. La représentation « vivante » de son nouveau dieu ne pouvait être ciselée que dans le métal le plus pur...

– De l'or ! s'exclama le Président.

– De l'or, acquiesça le détective.

– Regardez ! fit Gaboriau qui farfouillait dans la cache ; je crois avoir fait une trouvaille intéressante...

Il exhiba un dossier gonflé de paperasses, en dénoua la bride, l'ouvrit, et éplucha fébrilement les feuillets. Comme il en achevait un parcours sommaire, il s'écria, hagard :

– Philippe... C'est inouï ! La traduction de Delubac recoupe presque mot pour mot celle du capitaine !

– Cette preuve me suffit, décréta l'interpellé.

L'automate, sur ces entrefaites, recula d'un pas dans sa niche.

– Sortons d'ici, conseilla Nox. Le sanctuaire va se refermer sur ce terrible secret.

– Espérons que ce sera pour toujours, soupira Gaboriau en remettant le dossier à sa place.

– C'est à nous d'y veiller...

— Soyez tranquille, capitaine ; nous y veillerons !

La portière de marbre se referma tandis qu'ils franchissaient la brèche de faïence. Monestier fut le premier auprès de la console. La barbe en bataille, il décrocha le téléphone à touches et composa en hâte un numéro. Au bout d'un nombre appréciable de sonneries, on décrocha enfin.

— Allô... L'ambassade d'Égypte ? Je voudrais parler immédiatement à Son Excellence...

— ...

— Je suis Philippe Monestier, président de la République française...

— ...

— Oui, je sais l'heure qu'il est, et ceci n'a rien d'une plaisanterie...

— ...

— Peu m'importe... Réveillez-le !

Il y eut un blanc interminable et la conversation reprit.

— ... Monsieur l'Ambassadeur ? Ici le président Monestier. Veuillez, je vous prie, transmettre sans délai au raïs Boughdali que je l'appellerai dans la demi-heure sur notre ligne directe. Il s'agit d'une affaire de la plus haute importance !

Il raccrocha sans attendre la réponse.

— ... Et maintenant, à l'Élysée !

— J'habite à deux pas. Vous pourriez me déposer faubourg Saint-Honoré ? demanda Nox, presque gêné.

La requête était si saugrenue, en disproportion tellement flagrante avec le service rendu, que Gaboriau fit mine de se cogner la tête contre le mur. Monestier, lui, saisit son sauveur par les épaules et lui répondit, les yeux embués de reconnaissance :

— ... Capitaine, c'est vraiment le moins que nous puissions faire !

La brèche de faïence s'obstrua sur ces mots.

La limousine noire s'immobilisa devant le portail du palais présidentiel. Trois passagers en descendirent. Après un bref conciliabule sur le trottoir, on se serra la main, puis une silhouette se détacha du groupe pour aller tranquillement son chemin vers la place Saint-Philippe-du-Roule. Monestier et Gaboriau regardèrent le détective se diluer dans la lumière jaunâtre des réverbères. Ils débattraient longtemps par la suite sur la question de savoir si l'homme qui avait réussi l'exploit de conjurer la malédiction de Chéops était pleinement conscient d'avoir résolu d'un même élan une des plus troublantes énigmes de l'univers.

CASCADE POLICIER

AGATHE EN FLAGRANT DÉLIRE
Sarah Cohen-Scali.

À L'HEURE DES CHIENS
Évelyne Brisou-Pellen.

ALLÔ ! ICI LE TUEUR
Jay Bennett.

L'ASSASSIN CRÈVE L'ÉCRAN
Michel Grimaud.

L'ASSASSIN EST UN FANTÔME
François Charles.

BASKET BALLE
Guy Jimenes.

LE CADAVRE FAIT LE MORT
Boileau-Narcejac.

LE CHANT DE LA REINE FROIDE
Michel Honaker.

LE CHARTREUX DE PAM
Lorris Murail.

LE CHAUVE ÉTAIT DE MÈCHE
Roger Judenne.

COUP DE BLUES POUR DAN MARTIN
Lorris Murail.

COUPS DE THÉÂTRE
Christian Grenier.

DES CRIMES COMME CI COMME CHAT
Jean-Paul Nozière.

CROISIÈRE EN MEURTRE MAJEUR
Michel Honaker.

DANS LA GUEULE DU LOUP
Boileau-Narcejac.

LE DÉMON DE SAN MARCO
Michel Honaker.

LE DÉTECTIVE DE MINUIT
Jean Alessandrini.

DRAME DE CŒUR
Yves-Marie Clément.

DRÔLES DE VACANCES POUR L'INSPECTEUR
Michel Grimaud.

UNE ÉTRANGE DISPARITION
Boileau-Narcejac.

HARLEM BLUES
Walter Dean Myers.

L'HÔTEL MAUDIT
Alain Surget.

L'IMPASSE DU CRIME
Jay Bennett.

LE LABYRINTHE DES CAUCHEMARS
Jean Alessandrini.

MAGIE NOIRE DANS LE BRONX
Michel Honaker.

LA MALÉDICTION DE CHÉOPS
Jean Alessandrini.

MENSONGE MORTEL
Stéphane Daniel.

LE MYSTÈRE CARLA
Gérard Moncomble.

NE TE RETOURNE PAS
Lois Duncan.

L'OMBRE DE LA PIEUVRE
Huguette Pérol.

COLLECTION Cascade

OMBRES NOIRES POUR NOËL ROUGE
Sarah Cohen-Scali.

ON NE BADINE PAS AVEC LES TUEURS
Catherine Missonnier.

L'ORDINATUEUR
Christian Grenier.

PAS DE QUOI RIRE !
Jean Alessandrini.

PIÈGES ET SORTILÈGES
Catherine Missonnier.

POURSUITE FATALE
Andrew Taylor.

RÈGLEMENT DE COMPTES EN MORTE-SAISON
Michel Grimaud.

SIGNÉ VENDREDI 13
Paul Thiès.

LA SORCIÈRE DE MIDI
Michel Honaker.

SOUVIENS-TOI DE TITUS
Jean-Paul Nozière.

UN TUEUR À LA FENÊTRE
Stéphane Daniel.

LE TUEUR MÈNE LE BAL
Hervé Fontanières.

LE VAMPIRE CONTRE-ATTAQUE
Hervé Fontanières.

LES VISITEURS D'OUTRE-TOMBE
Stéphane Daniel.

CASCADE PLURIEL

LES AILES NOIRES DE LA NUIT
Jean-Marc Ligny.

AMIES SANS FRONTIÈRES
Hélène Montardre.

LE CHEVALIER DE TERRE-NOIRE
Michel Honaker.
Tome 1
L'ADIEU AU DOMAINE
Tome 2
LE BRAS DE LA VENGEANCE
Tome 3
LES HÉRITIERS DU SECRET

ERWAN LE MAUDIT
Michel Honaker.

LA FILLE DE TROISIÈME B
Christian Grenier.

L'HÉRITIER DU DÉSERT
É. Brisou-Pellen.

MINI MAX ET MAXI DURS
Roselyne Bertin.

LE PIANISTE SANS VISAGE
Christian Grenier.

LE PRINCE D'ÉBÈNE
Michel Honaker.

LE SORCIER AUX LOUPS
Paul Thiès.

UNE VIE À TOUT PRIX
Roger Judenne.

L'AUTEUR

Jean Alessandrini est né à Marseille en 1942. Après trois années d'apprentissage au Collège Technique d'Arts Graphiques de la rue Corvisart, à Paris, il travaille comme maquettiste et illustrateur pour divers magazines et notamment pour la revue *Pilote*, où il est aussi scénariste, chroniqueur, graphiste...

En 1986, avec *Le Prince d'Aéropolis*, il se lance dans l'écriture de livres pour la jeunesse. Il a publié notamment *Le détective du minuit* et *Le labyrinthe des cauchemars* dans la collection Cascade Policier ainsi que *Date limite* dans la collection Cascade Aventure.

Achevé d'imprimer en avril 1997
sur les presses de Maury-Eurolivres S. A.
45300 Manchecourt
Dépôt légal : avril 1997
N° d'imprimeur : 58675
N° d'éditeur 2889